LIMERICK CITY LIBRARY

Phone: 407510
Website:
www.limerickcity.ie/library
Email: citylib@limerickcity.ie

The Granary,
Michael Street,
Limerick.

**This book is issued subject to the Rules of the Library.
The Book must be returned not later then the last date
stamped below.**

Class No. H91·625   Acc. No. C86345

Date of Return	Date of Return	Date of Return	Date of Return
30 SEP 2011	03 DEC 2016		
	27 JAN 2017		
-5 OCT 2012			
	18 APR 2017		
21 MAR 2015			
4 MAR 2016			
03 MAY 2016	WITHDRAWN FROM STOCK		
16 JUL 2016			

Watch House Cross Community Library
Telephone: 061-457 7~ ~

LEABHAR GRAMADAÍ GAEILGE

Nollaig Mac Congáil

Cló Iar-Chonnachta
Indreabhán
Conamara

An Chéad Chló 2002
An Dara Cló 2003
An Tríú Cló 2005
An Ceathrú Cló 200[?]
An Cúigiú Cló 2007

© Nollaig Mac Congáil 2002

ISBN 1 902420 48 9

Dearadh clúdaigh: Pierce Design
Dearadh: Foireann CIC

Bord na
Leabhar
Gaeilge

Tugann Bord na Leabhar Gaeilge
tacaíocht airgid do Chló Iar-Chonnachta

the arts
council
chomhairle
ealaíon

Faigheann Cló Iar-Chonnachta cabhair airgid
ón gComhairle Ealaíon

Clóchur: Cló Iar-Chonnachta, Indreabhán, Conamara
    Fón: 091-593307 **Facs:** 091-593362 **r-phost:** cic@iol.ie
Priontáil: Clódóirí Lurgan, Indreabhán, Conamara
    Fón: 091-593251/593157

CLÁR

RÉAMHRÁ

Ní théann duine ar bith i ngleic le cúrsaí gramadaí ach amháin, b'fhéidir, an corrdhuine nó an duine corr agus lucht foghlama agus teagaisc na teanga. Is ábhar é a bhfuil fuath ag daoine air agus, nuair a chuirtear stair na litearthachta agus na gcanúintí agus an Chaighdeáin Oifigiúil san áireamh, ní hiontas gur gráin le daoine aon bhaint a bheith acu le gramadach na Gaeilge. *Malum necessarium* atá i ngramadach na Gaeilge, áfach, más mian linn úsáid a bhaint as an nGaeilge mar uirlis bheacht chumarsáide.

Is iomaí duine agus dream i gcaitheamh na mblianta a d'fhéach le gramadach na Gaeilge a chur i láthair ar bhealaí éagsúla, ag brath ar a dtaithí agus a gcúlra léinn féin agus ar an bpobal léitheoireachta a bhí ar intinn acu. Cuimhnímid ar na cinn is údarásaí acu a bhí in úsáid inár n-am féin: *Gramadach na Gaeilge: an Caighdeán Oifigiúil*, *Réchúrsa Gramadaí* agus *Graiméar Gaeilge na mBráithre Críostaí*. Tharla cuid mhór rudaí i sochaí na hÉireann agus i saol na Gaeilge ó foilsíodh na saothair sin den chéad uair. Ó thaobh na gramadaí de, foilsíodh *Foclóir Gaeilge-Béarla* Néill Uí Dhónaill agus tá an saothar céanna ar an tobar gramadaí Gaeilge is mó agus is tábhachtaí dá bhfuil ann. Is é an fhoinse tagartha Gaeilge is mó úsáid sa domhan é agus, dá bhrí sin, bhunaigh mé an leabhar gramadaí seo go hiomlán ar *Foclóir Gaeilge-Béarla* Néill Uí Dhónaill. Níor cheart go mbeadh aon leabhar gramadaí ag teacht salach ar phríomhfhoinse tagartha na Gaeilge.

Mar dhuine atá ag plé le teagasc na Gaeilge le chóir a bheith tríocha bliain, tuigim na deacrachtaí a bhaineas leis an gceird sin. Sa bhliain 1988, ag éirí as bunchúrsa Gaeilge a thug mé do scaifte eachtrannach i Scoil Samhraidh an Léinn Éireannaigh abhus, chuir mé *Irish Grammar: a Basic Handbook* (Cló Iar-Chonnachta) le chéile agus tá ráchairt mhór air i gcónaí. Leabhar beag sothuigthe atá ann a thaitin le daoine ar an ábhar nár dhall sé daoine le heolas, rialacha casta agus eisceachtaí iomadúla. Ach, mar is intuigthe ón teideal, leabhar iontach bunúsach gramadaí atá ann. Cúpla bliain ina dhiaidh sin, tosaíodh ar *Speakwrite*, pacáiste foghlama Gaeilge ar ríomhaire, a chur le chéile in Ionad na Gaeilge Labhartha abhus. Chomh maith le hábhar eile, chuir mé saothar cuimsitheach ar ghramadach na Gaeilge, scríofa as Béarla agus bunaithe ar *Foclóir Gaeilge-Béarla* Néill Uí Dhónaill, le chéile mar chuid den phacáiste iomlán. Ar thoradh moille, rinne mé leagan Gaeilge den saothar sin agus is é an leagan Gaeilge sin atá sa ghraiméar seo. Tá súil agam go gcuideoidh sé le daoine den uile chineál breis eolais a chur ar ghramadach na Gaeilge.

Ba mhaith liom mo bhuíochas a chur in iúl do chúpla duine a chuidigh liom agus an saothar seo á ullmhú agam thar na blianta: do Mhichael Bharry Ó Flatharta, Feidhmeannach Teanga, Áras Mháirtín Uí Chadhain, An Cheathrú Rua (Ollscoil na hÉireann, Gaillimh) as a chabhair agus a scil i gcúrsaí ríomhaireachta agus teicneolaíochta agus an t-ábhar do *Speakwrite* á réiteach, agus do Ghearóid Ó Casaide, M.A., Príomh-Aistritheoir i Rannóg an Aistriúcháin, Teach Laighean, as a chomhairle agus a chuidiú maidir le cúrsaí gramadaí i gcaitheamh na mblianta. Tá mé iontach buíoch fosta d'fhoireann Chló Iar-Chonnachta as a gcuidiú le réiteach an leabhair seo. Má tá aon locht ar an ngraiméar seo, mé féin amháin is ciontaí leis, gan amhras.

Nollaig Mac Congáil

Tá sampla de théacs an leabhair seo ar taispeáint ar shuíomh idirlín Chló Iar-Chonnachta.

TREOIR

AIBÍTIR NA GAEILGE

Is iad seo a leanas gnáthlitreacha aibítir na Gaeilge:

a b c d e f g h i l m n o p r s t u

Úsáidtear litreacha eile na haibítre Rómhánaí

j k q v w x y z

sa Ghaeilge uaireanta i gcás focal iasachta nó nuair a bhíonn téarmaíocht mhatamaiticiúil nó eolaíoch i gceist. Ní théann aon athrú orthu sin in am ar bith.

CANÚINTÍ NA GAEILGE

Glactar leis go coitianta go bhfuil trí mhórchanúint ann sa Ghaeilge:

canúint Uladh Chonnacht agus na Mumhan

Baineann an chuid is mó de na difríochtaí idir na canúintí le cúrsaí aicinn agus fuaime ach ní dhéantar aon tagairt dá leithéid sa saothar seo. Dírítear aird thall is abhus, áfach, ar dhifríochtaí suntasacha eile idir na canúintí.

ATHRÚ AR THÚSLITIR FOCAIL

Is féidir, ar ócáidí áirithe, túslitir an ainmfhocail a athrú ar cheithre bhealach, ag brath ar an túslitir atá i gceist, ar an bhfocal atá roimhe agus ar an gcomhthéacs ina bhfuil an focal. Seo a leanas liosta de na ceithre bealaí sin agus de na túslitreacha atá i gceist.

> **séimhiú** ar chonsain
> **urú** ar chonsain agus ar ghutaí
> t roimh ghutaí agus s
> h roimh ghutaí

Tréith choitianta a bhaineas leis na teangacha Ceilteacha i gcoitinne is ea na hathruithe seo ar thúslitir an fhocail agus uaireanta bíonn deacrachtaí móra ag an lucht foghlama lena bhfuil i gceist anseo.

Séimhiú

Séimhiú [*lenition / aspiration*] a thugtar ar cheann amháin de na hathruithe seo ar thúslitir focail nuair is consan atá i gceist.

Baineann séimhiú leis na consain seo a leanas amháin:

b	→	bh
c	→	ch
d	→	dh
f	→	fh
g	→	gh
m	→	mh
p	→	ph
s	→	sh
t	→	th

Ní féidir séimhiú a chur ar na consain eile ná ar ghutaí in am ar bith.

Urú

Urú [*eclipsis / nasalization*] a thugtar ar cheann eile de na hathruithe seo ar thúslitir focail nuair is consan nó guta atá i gceist.

Baineann urú leis na consain seo a leanas amháin:

b	→	mb
c	→	gc
d	→	nd
f	→	bhf
g	→	ng
p	→	bp
t	→	dt

Ní féidir urú a chur ar na consain eile in am ar bith.

Is ionann an chaoi a dtéann **urú** i bhfeidhm ar na gutaí uile:

a	→	n-a
e	→	n-e
i	→	n-i
o	→	n-o
u	→	n-u

t roimh ghutaí agus s

Is féidir t (+ **fleiscín** [*hyphen*] ach amháin nuair is **ceannlitir** [*capital letter*] an guta tosaigh a thagann ina dhiaidh) a chur roimh ghutaí agus s (gan aon fhleiscín) a thagann ag tús focail:

t-a	tA
t-e	tE
t-i	tI
t-o	tO
t-u	tU
ts	

h roimh ghutaí

Is féidir h a chur roimh ghutaí a thagann ag tús focail amháin.

ha
he
hi
ho
hu

TÉARMAÍOCHT GHRAMADACH NA GAEILGE

Consain
Consain: Caol agus Leathan

Tá gach aon chonsan sa Ghaeilge **caol** (*slender*) nó **leathan** (*broad*). Deirtear go bhfuil consan caol má thagann guta caol (.i. e / é, i / í) roimhe nó ina dhiaidh. Deirtear go bhfuil consan leathan má thagann guta leathan (.i. a / á, o / ó, u / ú) roimhe nó ina dhiaidh.

póg	tá p agus g leathan.
focal	tá f, c agus l leathan.
feoil	tá f agus l caol.
deifir	tá d, f agus r caol.
bean	tá b caol agus tá n leathan.

Gutaí
Gutaí: Gairid agus Fada

Tá dhá shórt guta sa Ghaeilge: gutaí **fada** agus gutaí **gairide**.

gutaí gairide:	a, e, i, o, u
gutaí fada:	á, é, í, ó, ú

Caolú agus Leathnú

Ciallaíonn caolú consan a dhéanamh caol. Déantar an caolú seo de ghnáth trí - i - a chur roimh chonsan.

bád	→	báid
asal	→	asail

Uaireanta, áfach, caithfear an / na guta(í) a thagann roimh an gconsan atá le caolú a athrú freisin ar na bealaí seo a leanas:

(a)

_* ea _	→	_ i _	fear	→	fir
_* ea _	→	_ i _	ceann	→	cinn
_ io _	→	_ i _	fionn	→	finn

(b)

_ éa _	→	_ éi _	éan	→	éin
_ éa _	→	_ éi _	béal	→	béil
_* ia _	→	_ éi _	iasc	→	éisc

(c)

- ío -	→	- í -	síol	→	síl

(d) i bhfocail ilsiollacha (agus i roinnt focal aonsiollach)

			bacach	→	bacaigh
- (e)ach	→	- (a)igh	aonach	→	aonaigh
			oifigeach	→	oifigigh
- íoch	→	- ígh	beithíoch	→	beithígh

[*NÓTA: tá eisceachtaí ann ó na rialacha seo.]

Ciallaíonn **leathnú** consan a dhéanamh leathan. Déantar an leathnú seo de ghnáth trí - i - a thagann roimh chonsan a chealú.

máthair	→	máthar
abhainn	→	abhann

Uaireanta, áfach, athraítear an guta / na gutaí a thagann roimh an gconsan atá á leathnú freisin ar na bealaí seo a leanas:

- ei -	→	- ea -	greim	→	greama
- i -	→	- ea -	mil	→	meala
- i -	→	- ea -	binn	→	beann
- éi -	→	- éa -	báicéir	→	báicéara
- ui -	→	- o -	cuid	→	coda
- í -	→	- ío -	feadaíl	→	feadaíola

Coimriú
[Syncopation]

Ciallaíonn **coimriú** guta(í) gairid(e) neamhaiceanta i lár focail a fhágáil ar lár ar chúiseanna gramadúla áirithe.

cabhair	→	cabhrach
obair	→	oibre

17

Ord na bhFocal

Seo a leanas gnáthord na bhfocal in abairt shimplí Ghaeilge:

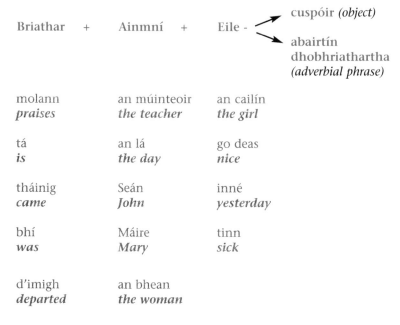

Briathar	+	Ainmní	+	Eile -	cuspóir *(object)*
					abairtín dhobhriathartha *(adverbial phrase)*

molann	an múinteoir	an cailín
praises	*the teacher*	*the girl*
tá	an lá	go deas
is	*the day*	*nice*
tháinig	Seán	inné
came	*John*	*yesterday*
bhí	Máire	tinn
was	*Mary*	*sick*
d'imigh	an bhean	
departed	*the woman*	

Is mar seo a leanas atá ord na bhfocal in abairt Bhéarla:

Ainmní	+	Briathar	+	Eile
I		*saw*		*something*
It		*was*		*lovely*
The man		*sold*		*the dog yesterday*

Tá **míreanna briathartha** [*verbal particles*] áirithe ann a chuirtear roimh an mbriathar sa Ghaeilge, mar shampla:

míreanna diúltacha	[*negative particles*] (m. sh. ní, ná)
míreanna ceisteacha	[*interrogative particles*] (m. sh. an, nach)
cónaisc	[*conjunctions*] (m. sh. dá, má, nuair)
forainmneacha ceisteacha	[*interrogative pronouns*] (m. sh. cé, cad)
aidiachtaí ceisteacha	[*interrogative adjectives*] (m. sh. cá)
dobhriathra ceisteacha	[*interrogative adverbs*] (m. sh. cathain)
míreanna coibhneasta	[*relative particles*] (m. sh. a(r))

Briathar	+	Ainmní	+	Eile
ní	itheann		an cailín	feoil
not	*eats*		*the girl*	*meat*
an	dtéann		an fear	amach?
?	*goes*		*the man*	*out?*
má	ólann		an cat	an bainne
if	*drinks*		*the cat*	*the milk*
nuair a	ghoid		an gadaí	an t-airgead
when	*stole*		*the thief*	*the money*
cé a	ghoid			an t-ór?
who	*stole*			*the gold?*
cad a	dúirt		an t-amadán?	
what	*said*		*the fool?*	
cathain a	tháinig		sé	abhaile?
when	*came*		*he*	*home?*

Is féidir gnáthord seo na bhfocal a athrú ar chúiseanna áirithe m. sh. le **béim** [*emphasis*] a chur ar rud.

inné a	tháinig	sé!
yesterday	*came*	*he!*
ag magadh a	bhí	sí!
joking	*was*	*she!*

AN TALT (CINNTE)

Níl aon **alt éiginnte** (*indefinite article*) ann sa Ghaeilge. Go hiondúil, nuair nach seasann alt roimh ainmfhocal, is ainmfhocal éiginnte atá i gceist.

fear = *(a) man*   bean = *(a) woman*   báisteach = *rain*

Tá dhá fhoirm ag an alt: an agus na.

an ⌈ in úsáid san uimhir uatha amháin
    in úsáid sa tuis. ainmn. / cusp., gin. agus tabh. le hainmfhocail
    fhirinscneacha
    in úsáid sa tuis. ainmn. / cusp. agus tabh. le hainmfhocail
    bhaininscneacha

na ⌈ in úsáid sa tuis. gin. uatha le hainmfhocail bhaininscneacha
    in úsáid i gcónaí san uimhir iolra leis na hainmfhocail uile

Firinscneach		Baininscneach	
fear	*a man*	bean	*a woman*
an fear	*the man*	an bhean	*the woman*
na fir	*the men*	na mná	*the women*

FOIRM UATHA AN AILT

Tuiseal Ainmneach / Cuspóireach Uatha an Ailt

Ainmfhocail Fhirinscneacha

Cuirtear t- roimh thúsghutaí ainmfhocal; ní athraítear túschonsain:

an cat	an t-asal
an bád	an t-éan
an teach	an t-uan

AINMFHOCAIL BHAININSCNEACHA

Séimhítear túschonsain ainmfhocal; ní athraítear túsghutaí:

an bhean	an eaglais
an chistin	an aisling
an fharraige	an uirlis

Eisceachtaí:
Ní athraítear na túschonsain d / t :

an dallóg   an tine

Cuirtear t roimh ainmfhocal ar túslitir dó s + guta, nó sl, sn, sr + guta.

an tseilf   an tsrón

Tuiseal Ginideach Uatha an Ailt

AINMFHOCAIL FHIRINSCNEACHA

Séimhítear túschonsain ainmfhocal; ní athraítear túsghutaí:

hata an fhir	cluasa an asail
cóta an mhic	cleite an éin

Eisceachtaí:
Ní athraítear na túschonsain d / t :

bun an dorais
ballaí an tí

Cuirtear t roimh ainmfhocal ar túslitir dó s + guta, nó sl, sn, sr + guta:

cistin an tsagairt   fad an tslabhra

AINMFHOCAIL BHAININSCNEACHA

Cuirtear h roimh thúsghutaí ainmfhocal; ní athraítear túschonsain:

hata **na** mná   bun **na** habhann
solas **na** tine   trasna **na** farraige

Tuiseal Tabharthach Uatha an Ailt

Uraítear túschonsain ach ní athraítear túsghutaí tar éis na réamhfhocal seo
a leanas + alt:

ag an, ar an, as an, chuig an, faoin, leis an, ón,
roimh an, thar an, tríd an, um an

ag **an n**geata   leis **an m**bata
ar **an g**cathaoir   **ón** iasc

Eisceachtaí:
Ní athraítear na túschonsain d / t :

ag **an d**oras   ar **an** tine

Cuirtear t roimh ainmfhocal baininscneach ar túslitir dó s + guta, nó sl, sn,
sr + guta:

ar **an ts**ráid   **ón ts**eilf

Séimhítear túschonsain ach ní athraítear túsghutaí tar éis na réamhfhocal
seo a leanas + alt: den, don, sa(n):

den bhord   **sa ch**istin
don bhuachaill   **san fh**arraige
don uan

Eisceachtaí:
Ní athraítear na túschonsain d / t :

den diallait   **don d**oras   **sa** tine

Cuirtear t roimh ainmfhocal baininscneach ar túslitir dó s + guta, nó sl, sn,
sr + guta:

sa tsráid   **den ts**eilf

NÓTA: i gcás roinnt de na hainmfhocail, nasctar iad leis an alt uatha (an) m. sh.

de → den	do → don	faoi → faoin
i → sa (san roimh ghuta nó f + guta)		ó → ón

NÓTA: i gcanúint Chúige Uladh athraítear túslitir an ainmfhocail mar a athraítear í tar éis den, don, sa(n) (féach thuas) is cuma cén réamhfhocal atá i gceist. Chomh maith leis sin, cuirtear t roimh ainmfhocail bhaininscneacha agus roimh ainmfhocail fhirinscneacha ar túslitir dóibh s + guta, nó sl, sn, sr + guta:

ag an gheata   ón fhear   ar an tsagart

Tá eisceachtaí eile ann ó na rialacha seo i gcanúintí éagsúla nach gá a lua anseo.

FOIRM IOLRA AN AILT

Tuiseal Ainmneach / Cuspóireach / Tabharthach Iolra

Cuirtear h roimh thúsghutaí ainmfhocal; ní athraítear túschonsain:

na cait   na hasail
na báid   na héin
sna tithe   ar na huain

Tuiseal Ginideach Iolra an Ailt

Uraítear túschonsain agus túsghutaí:

hataí na bhfear   cluasa na n-asal
bainne na gcat   ceol na n-éan
teas na dtinte   dath na n-úll

FOIRMEACHA AN AILT - ACHOIMRE

	Uatha		Iolra
	Fir.	Bain.	Fir. agus Bain.
ainm. / cusp.	an	an	na
ginideach	an	na	na
tabharthach	an*	an	na†

*Titeann cuid de na réamhfhocail agus an t-alt an le chéile sa tuiseal tabharthach uatha:

de → den	do → don	faoi	→	faoin
i → sa (san roimh ghuta nó f + guta)		ó	→	ón

† Titeann an réamhfhocal i agus an t-alt iolra na le chéile → sna

NA HÓCÁIDÍ AR A MBAINTEAR ÚSÁID AS AN ALT

Is iondúil go n-úsáidtear an t-alt le hainmfhocal **éiginnte** (*indefinite*) a dhéanamh **cinnte** (*definite*):

fear	*a man*	an fear	*the man*
bean	*a woman*	an bhean	*the woman*
páistí	*children*	na páistí	*the children*
uain	*lambs*	na huain	*the lambs*

Úsáidtear é leis na **forainmneacha taispeántacha** (*demonstrative pronouns*) seo, sin agus úd le *this*, *that* agus *those* an Bhéarla a aistriú:

an fear seo	*this man*	an cnoc úd	*that* (= yonder) *hill*
an lá sin	*that day*	na daoine sin	*those people*

Úsáidtear é go minic le hainmneacha tíortha, mór-ranna, aibhneacha agus bailte:

an Fhrainc	*France*	an Afraic	*Africa*
an Iodáil	*Italy*	an tSionainn	*the Shannon*
an Eoraip	*Europe*	an Daingean	*Dingle*

Baintear úsáid as go hiondúil le hainmneacha teangacha:

an Ghaeilge	(the) *Irish* (language)
an Rúisis	(the) *Russian* (language)
an Ghearmáinis	(the) *German* (language)

Baintear úsáid as go hiondúil le teidil:

an Dochtúir Mac Aodha	*Doctor Mc Hugh*
an tAthair Peadar	*Father Peter*

Baintear úsáid as go minic le laethanta na seachtaine, le roinnt de na míonna, agus le féilte agus séasúir na bliana:

(ar) an Domhnach	(*on*) *Sunday(s)*
an t-earrach	*spring*
(ar) an Luan	(*on*) *Monday(s)*
an samhradh	*summer*
lár na Bealtaine	*the middle of May*
an fómhar	*autumn*
an Cháisc	*Easter*
an geimhreadh	*winter*

Baintear úsáid as roimh: iomad, iomarca, oiread, uafás, sluaite, céadta srl.

an iomad airgid	*too much money*
an iomarca céille	*too much sense*
an oiread sin daoine	*so many people*
an t-uafás oibre	*a huge amount of work*
na sluaite daoine	*crowds of people*

Úsáidtear é go hiondúil tar éis cé agus cad é nuair a leanann ainmfhocal iad:

cén t-am é?	*what time is it?*
cad é an rud é sin?	*what is that thing?*
cé na daoine iad sin?	*who are those people?*

Baintear úsáid as uaireanta le roinnt ainmfhocal **teibí** (*abstract*):

an grá	*love*	an ceol *music*

Baintear úsáid as roimh uile nuair nach dtagann gach roimhe:

an uile sheachtain	*every week*
an uile dhuine	*everybody*
an uile fhocal	*every word*

cén	(cé + an)
den	(de + an)
don	(do + an)
faoin	(faoi + an)
ón	(ó + an)

AN tALT DÚBAILTE

Nuair atá dhá alt [alt dúbailte] ann roimh dhá ainmfhocal sa Bhéarla agus go bhfuil an dara hainmfhocal sa tuiseal ginideach, ní cheadaítear ach alt amháin - an dara ceann - sa Ghaeilge. Caitear leis an gcéad ainmfhocal mar ainmfhocal éiginnte.

hata an fhir	*the hat of the man*
bean an tí	*the woman of the house*
muintir na cathrach	*the inhabitants of the city*
i lár na sráide	*in the middle of the street*

NÓTA: baineann an riail seo a leanas leis na hócáidí sin ar a n-úsáidtear an t-alt sa Ghaeilge ach nach n-úsáidtear é sa Bhéarla.

muintir na hÉireann	*the people of Ireland*
cathracha na Fraince	*the cities of France*

Nuair a thagann gach, nó aidiachtaí sealbhacha in ionad an ailt, roimh an dara hainmfhocal:

doras gach tí	*the door of every house*
fuinneoga a seomra	*the windows of her room*

AN TAINMFHOCAL

INSCNE AN AINMFHOCAIL

Tá dhá **inscne** *(gender)* ann sa Ghaeilge, mar atá, **firinscneach** *(masculine)* agus **baininscneach** *(feminine)*. Na hainmfhocail sin atá **neodrach** *(neuter)* sa Bhéarla, tá siad firinscneach nó baininscneach sa Ghaeilge. Ní hionann i gcónaí inscne ainmfhocail sa Ghaeilge agus sa Bhéarla:

> tá an t-ainmfhocal cailín ina ainmfhocal firinscneach sa Ghaeilge
> tá an t-ainmfhocal stail ina ainmfhocal baininscneach sa Ghaeilge

Ó tharla go bhfuil tábhacht mhór le hinscne an ainmfhocail sa Ghaeilge, caithfear i gcónaí inscne ainmfhocail a chinntiú san fhoclóir nó in aon fhoinse údarásach eile.

Seo a leanas treoir ghinearálta maidir le hinscne ainmfhocail.

Tá ainmneacha thromlach na mór-ranna, na dtíortha, na n-aibhneacha srl. baininscneach.

chun na hAfraice	*to Africa*
chun na Fraince	*to France*
trasna na Sionainne	*across the Shannon*
muintir na Rúise	*the people of Russia*
i lár na Spáinne	*in the middle of Spain*

Tá ainmneacha thromlach na dteangacha baininscneach.

an Ghaeilge	*Irish*
an Fhraincis	*French*
an Rúisis	*Russian*
an Spáinnis	*Spanish*

Eisceacht:

an Béarla	*English*

Ainmfhocail a bhfuil na deirí seo a leanas orthu, tá siad **firinscneach** go hiondúil:

- (e)adh	cuireadh, geimhreadh, samhradh
- (a)í	ceannaí, leabharlannaí, sclábhaí, rúnaí
- án	arán, bradán, meascán, cnapán
- ch	cléireach, coileach, fathach, oifigeach, coimhthíoch
- éad	buicéad, céad, lipéad, paicéad
- éal	buidéal, ospidéal, scéal
- éan	éan, fíréan
- eál	seál, muineál
- éar	coiléar, féar, móinéar, páipéar
- éir	báicéir, siúinéir, tincéir
- eoir / óir	bádóir, cladóir, feirmeoir, múinteoir
- ín	báisín, cailín, cillín, púirín
- (i)úir	saighdiúir, táilliúir
- s (**leathan**)	bus, cleas, costas, fios
- ún	botún, colún, oinniún, príosún
- úr	casúr, colúr, pictiúr, rásúr

Ainmfhocail a bhfuil na deirí seo a leanas orthu, tá siad **baininscneach** go hiondúil:

- (a)íl	béicíl, feadaíl, osnaíl
- (e)áil	sábháil, tarrtháil
- (a)ilt	meilt, oscailt
- (a)int	caint, seachaint
- áint	tiomáint
- (a)íocht	filíocht, eagraíocht, litríocht, siamsaíocht
- aois / ís	calaois, gaois, mailís, coicís
- chan	athbheochan
- (a)irt	bagairt, imirt
- (e)ach	báisteach, gríosach
- (e)acht	Gaeltacht, gluaiseacht, mallacht
- úil	barúil
- úint	canúint
- lann	amharclann, bialann, leabharlann
- eog / óg	bábóg, bróg, cuinneog, fuinneog

UIMHIR UATHA AGUS IOLRA AN AINMFHOCAIL

Uaireanta sa Ghaeilge baintear úsáid as an bhfoirm uatha den ainmfhocal nuair atá ciall iolra leis. Seo a leanas roinnt samplaí de na hócáidí ar a dtarlaíonn sé sin.

(a) go minic tar éis na mbunuimhreacha:

trí lá	*three days*
fiche uair	*twenty times*
seacht n-oíche	*seven nights*
céad capall	*a hundred horses*

(b) le hainmfhocail áirithe sa tuis. gin., uimh. iolra:

hataí na bhfear	*the men's hats*
ag glanadh na bhfuinneog	*cleaning the windows*

(c) tar éis cá mhéad:

cá mhéad duine?	*how many people?*
cá mhéad uair?	*how many times?*

(d) tar éis is iomaí:

is iomaí fear	*many men*
is iomaí uair	*many times*

(e) tar éis cúpla:

cúpla lá	*a few days*
cúpla pingin	*a few pennies*

NA TUISIL

Tá ceithre thuiseal ag an ainmfhocal sa Ghaeilge:

i   **ainmneach / cuspóireach** *(nominative/accusative)*
ii   **ginideach** *(genitive)*
iii   **tabharthach** *(dative)*
iv   **gairmeach** *(vocative)*

(i) Ainmneach / Cuspóireach

Is ionann foirm don tuiseal ainmneach agus don tuiseal cuspóireach sa Ghaeilge:

Bíonn ainmfhocal sa tuiseal ainmneach má bhíonn sé ina ainmní [*subject*] ag briathar / abairt:

d'imigh an **cailín** abhaile   *the girl went home*
tháinig an **múinteoir** isteach   *the teacher came in*

Bíonn ainmfhocal sa tuiseal cuspóireach má bhíonn sé ina **chuspóir díreach** [*direct object*] ag briathar **aistreach** [*transitive*]:

d'ith siad a **ndinnéar**   *they ate their dinner*
cheannaigh sé an **teach**   *he bought the house*

Bíonn ainmfhocal sa tuiseal ainmneach má thagann sé tar éis gan, idir, go dtí, ná, seachas **srl.**:

gan an t-airgead   *without the money*
idir an bun agus an barr   *between the bottom and the top*
go dtí an chistin   *to the kitchen*
is fearr anois **ná** an t-am sin   *now is better than that time*
duine eile ar fad **seachas**   *someone else entirely apart*
an fear seo   *from this man*

(ii) Ginideach

Bíonn ainmfhocal sa tuiseal ginideach [go hiondúil]:

(a) má bhíonn sé ina **chuspóir díreach** [*direct object*] ag **ainm briathartha** [*verbal noun*]:

ag déanamh na **hoibre**	*doing the work*
ag moladh na **mná**	*praising the woman*
ag ceannach **dí**	*buying a drink*

(b) má thagann **réamhfhocal comhshuite** [*compound preposition*] roimhe. Seo a leanas liosta de na réamhfhocail chomhshuite is coitianta:

ar aghaidh, ar chúl, ar feadh, ar fud, ar lorg, ar son, de bharr, de réir, faoi choinne, go ceann, i lár, i measc, i ndiaidh, i rith, in aghaidh, le haghaidh, le linn, os cionn, os coinne, os comhair, tar éis.

ar feadh an **lae**	*during the day*
ar son na **hÉireann**	*for Ireland*
i lár na **hoíche**	*in the middle of the night*
i rith na **seachtaine**	*during the week*
tar éis an **lóin**	*after the lunch*

(c) má thagann na focail seo a leanas roimhe:

chun, trasna, timpeall, fearacht, dála:

chun na **cathrach**	*to the city*
trasna na **sráide**	*across the street*
timpeall na **háite**	*around the place*
fearacht **fir uasail**	*in the manner of a gentleman*
dála an **scéil**	*by the way*

(d) má thagann na focail seo a leanas a chuireann **cainníocht** (*quantity*) in iúl roimhe:

a lán, an iomad, barraíocht, beagán, cuid, dóthain, go leor, mórán, níos lú, níos mó, oiread, roinnt, sá, tuilleadh srl.

a lán **airgid**	*a lot of money*
barraíocht **oibre**	*excess work*
roinnt **ama**	*some time*
go leor **codlata**	*enough sleep*

(e) má tá sé á cháiliú ag ainmfhocal eile atá ag teacht go díreach roimhe agus gan a bheith eatarthu ach alt nó aidiacht shealbhach nó gach (más gá):

siopa **Sheáin**	*John's shop*
cóta (na) **mná**	*a / the woman's coat*
clár **urláir**	*a floor board*
páiste **scoile**	*a school child*
fear an **tí**	*the man of the house*

NÓTA: baineann an ginideach iolra le hainmfhocail tar éis dís, péire, dosaen:

dís **bhan**	*two women*
péire **bróg**	*a pair of shoes*
dosaen **uibheacha**	*a dozen eggs*

(iii) Tabharthach

Bíonn ainmfhocal sa tuiseal tabharthach má thagann na **réamhfhocail shimplí** [*simple prepositions*] seo a leanas roimhe:

ag, ar, as, chuig, de, do, faoi, go, i, le, ó, roimh, thar, trí, um

ag an **ngeata**	*at the gate*
ar an **gcathaoir**	*on the chair*
ar mo bhealach go **hÉirinn**	*on my way to Ireland*
roimh an **bhfear**	*before the man*
thar an **gclaí**	*over the fence*

(iv) Gairmeach

Nuair a dhírítear **caint dhíreach** [*direct speech*] ar ainmfhocal (.i. duine, de ghnáth), bíonn an t-ainmfhocal sin sa tuiseal gairmeach go hiondúil.

tá mé tinn, a **Mháire**	*I am sick, Mary*
tar anseo, a **chara**!	*come here, friend!*
dún an doras, a **Sheáin**!	*close the door, John!*
an bhfuil sibh réidh, a **chailíní**?	*are you ready, girls?*
an ndearna sibh an obair fós, a **fheara**?	*have you done the work yet, men?*

NÓTA: cuirtear an mhír a (+ séimhiú) roimh ainmfhocal sa tuiseal gairmeach.

NA DÍOCHLAONTAÍ

Tá cúig dhíochlaonadh ann sa Ghaeilge agus, amach ó chorreisceacht thall is abhus, baineann gach uile ainmfhocal le ceann éigin de na díochlaontaí sin.

An Chéad Díochlaonadh

Tá ainmfhocail uile an díochlaonta seo firinscneach agus críochnaíonn siad ar chonsan leathan.

Is iondúil go gcríochnaíonn siad ar: - án, - ch (fir.), - éad, - éal, - éan, - éar, - s, - ún, - úr agus - adh (nuair nach deireadh ar ainm briathartha é).

GINIDEACH UATHA

Sa tuiseal ginideach, uimhir uatha, caolaítear consan deireanach an ainmfhocail. Go hiondúil, ciallaíonn sé seo - i - a chur roimh an gconsan deireanach:

bád → báid   arán → aráin   casúr → casúir

Eisceacht is ea   mac → mic

Uaireanta, áfach, tagann athruithe ar ghutaí inmheánacha an ainmfhocail i gceist leis an gcaolú seo ar an gconsan deireanach:

(a) - ea - → - i -   fear   → fir   peann → pinn

(b) - éa - → - éi -   béal   → béil
     - ia - → - éi -   iasc   → éisc

(c) - ío - → - í -   síol   → síl   míol → míl

(d) - ach → - aigh   bacach   → bacaigh
     - each → - igh   oifigeach → oifigigh
     - íoch → - ígh   gaiscíoch → gaiscígh (i bhfocail ilsiollacha)

NÓTA: tá eisceachtaí ann ó na rialacha seo.

Gairmeach Uatha

Go hiondúil, déantar an tuiseal gairmeach uatha ar an gcaoi chéanna leis an tuiseal ginideach. Caithfear cuimhneamh, áfach, go dtagann an mhír ghairmeach a (+ séimhiú) roimh an ainmfhocal:

a fhir! a oifigigh! a gharsúin!

Go hiondúil, ní chaolaítear deireadh an ainmfhocail nuair a bhíonn cnuasainm (*collective noun*) nó téarma ceana (*term of endearment*) i gceist sa tuiseal gairmeach:

a phobal! a stór!

Ainmneach Iolra

Is iomaí bealach ann leis an bhfoirm iolra (tuiseal ainmn. / cusp. / tabh.) d'ainmfhocal as an gcéad díochlaonadh a dhéanamh agus luaitear na bealaí is coitianta anseo thíos.

(a) Caolaítear consan deireanach an ainmfhocail mar a tharlaíonn sa tuiseal ginideach uatha:

bád → báid fear → fir oifigeach → oifigigh

NÓTA: ní féidir glacadh leis i gcás na n-ainmfhocal sin a ndéantar a bhfoirm ghinideach uatha trí chaolú a dhéanamh ar a gconsan deireanach, go ndéantar a bhfoirm iolra ar an gcaoi chéanna.

(b) Cuirtear -a le deireadh an ainmfhocail:

ceart → cearta úll → úlla

(c) Cuirtear -t(h)a le deireadh an ainmfhocail:

ceol → ceolta céad → céadta glór → glórtha

(d) I gcás roinnt ainmfhocal a chríochnaíonn ar - ch agus - dh, cuirtear - (a)í in áit na ndeirí sin:

bealach → bealaí éadach → éadaí cogadh → cogaí

(e) Cuirtear - anna le deireadh an ainmfhocail:

carr ➜ carranna   cás ➜ cásanna

(f) Coimrítear an t-ainmfhocal agus cuirtear - e lena dheireadh:

bóthar ➜ bóithre   doras ➜ doirse

(g) Cuirtear - acha le deireadh an ainmfhocail:

cineál ➜ cineálacha   leagan ➜ leaganacha

(h) Deirí mírialta eile:

ollamh ➜ ollúna   laoch ➜ laochra

GINIDEACH IOLRA

Uaireanta sa tuiseal ginideach uimhir iolra, baintear úsáid as an bhfoirm sin den ainmfhocal a úsáidtear leis an tuiseal ainmneach uimhir uatha; uaireanta eile, as an bhfoirm a úsáidtear leis an tuiseal ainmneach uimhir iolra. Seo a leanas na rialacha maidir leis an bhfoirm cheart a roghnú:

Na hócáidí ar a n-úsáidtear foirm an ainmnigh uatha:

(a) le hainmfhocail a ndéantar a bhfoirm iolra trí chaolú a dhéanamh ar a gconsan deireanach:

asal	ainm. iolra	asail	gin. iolra	[na n-]asal
bád	ainm. iolra	báid	gin. iolra	[na m]bád
fear	ainm. iolra	fir	gin. iolra	[na bh]fear
bacach	ainm. iolra	bacaigh	gin. iolra	[na m]bacach

(b) le hainmfhocail a ndéantar a bhfoirm iolra trí - a a chur ar a ndeireadh:

ceart	ainm. iolra	cearta	gin. iolra	[na g]ceart
cleas	ainm. iolra	cleasa	gin. iolra	[na g]cleas
úll	ainm. iolra	úlla	gin. iolra	[na n-]úll

Má dhéantar an t-ainmneach iolra ar aon bhealach eile, beidh deireadh an ghinidigh iolra mar an gcéanna leis an ainmneach iolra:

ceol	ainm. iolra	ceolta	gin. iolra	[na g]ceolta
bealach	ainm. iolra	bealaí	gin. iolra	[na m]bealaí
bóthar	ainm. iolra	bóithre	gin. iolra	[na m]bóithre

GAIRMEACH IOLRA

Déantar an gairmeach iolra ar an mbealach céanna leis an ainmneach iolra ach amháin i gcás na n-ainmfhocal sin a ndéantar a bhfoirm iolra trí chaolú a dhéanamh ar a gconsan deireanach. I gcás na n-ainmfhocal deireanach sin, cuirtear - a leis an bhfoirm ainmneach uatha:

fear	ainm. iolra	fir	gairm. iolra	a fheara!
oifigeach	ainm. iolra	oifigigh	gairm. iolra	a oifigeacha!
Gael	ainm. iolra	Gaeil	gairm. iolra	a Ghaela!

Ainmfhocail Choitianta as an gCéad Díochlaonadh

ábhar, adhmad, aerfort, aiceann, ainmfhocal, airgead, alt, amadán, amhrán, aonach, árasán

bacach, bád, ball, banc, bard, béal, beithíoch, bithiúnach, bonn, bord, bóthar, botún, bradán, braon, breac, buidéal

caisleán, capall, carr, cás, cat, cathaoirleach, ceann, ceantar, ceapachán, ceardchumann, ceart, ceol, cineál, cleas, cléireach, clog, cnoc, cogadh, coinníoll, consan, costas, crann, cumann, cupán

dán, deamhan, deireadh, deontas, dinnéar, díon, diúracán, domhan, doras, droichead, dualgas

éadan, eagar, eagras, éan, earrach, easpag, eireaball, eitleán, eolas

fál, faoileán, fathach, feachtas, fealsamh, fear, féar, feidhmeannach, féileacán, fiach, fiántas, figiúr, fillteán, fiontar, fíoras, focal, fochupán, fód, folcadán, folús, forás, friotal

gadhar, Gael, gaiscíoch, galar, Gall, galún, garsún, gasúr, geall, gealltanas, gearán, geimhreadh, glas, gliomach, glór, gnás, gort, grád

iarnród, iarratas, iasc, imeall, íochtar, iolar, ionad, iontas, irisleabhar

lámhleabhar, laoch, lasán, leabhar, leabhrán, leagan, leanbh, léargas, leibhéal, leiceann, leigheas, leithreas, leithscéal, liobar, líon, lipéad, lóchrann, longfort, lúthchleas

mac, mairnéalach, maor, marc, marcach, magadh, matán, méadar, meán, meatachán, míghníomh, milliún, milseán, míol, muileann

naíonán, náisiún, naomh, néal, nod, nós, nuachtán

óganach, oifigeach, oileán, oileánach, oinniún, ollamh, ord, orlach, ospidéal, óstán, othar

páipéar, pas, pátrún, peacach, peann, pictiúr, piléar, pláinéad, pléascán, pléisiúr, poll, portach, post, prionsabal, príosún, punt

racán, ráiteas, rann, réigiún, rialtas, ród, rón, ronnach, rós, rothar, rún

sac, sagart, saghas, saor, saoránach, scáileán, scamall, scannán, scáthán, scéal, seabhac, seanfhocal, searrach, séasúr, séipéal, seol, siléar, simléar, síol, sionnach, siosúr, sliogán, soitheach, solas, spórt, sreangán, srian, stáisiún, stát, suíochán

táibléad, taifead, taisceán, taispeántas, taobh, tarbh, tarraiceán, teaghlach, teallach, teampall, teastas, teideal, tinneas, tionchar, tionscal, tionscnamh, tobar, toghchán, tom, toradh, tormán, tuarastal, tuiseal, turas

uachtarán, ualach, uan, údar, úll, urchar, urlár, úrscéal

An Dara Díochlaonadh

Tá ainmfhocail uile an díochlaonta seo baininscneach (amach ó chorreisceacht m. sh. im, sliabh srl.) agus críochnaíonn siad ar chonsan.

GINIDEACH UATHA

Sa tuiseal ginideach, caolaítear consan deireanach an ainmfhocail agus cuirtear - e leis.

coill	coille
súil	súile
bróg	bróige
cluas	cluaise
géag	géige

I gcás ainmfhocal ilsiollach a chríochnaíonn ar - (e)ach, athraítear an chríoch sin go - (a)í.

cailleach → caillí   gealach → gealaí

Tá roinnt eisceachtaí sa dara díochlaonadh maidir le rialacha an chaolaithe.

AINMNEACH IOLRA

Is iomaí bealach ann leis an bhfoirm iolra den ainmfhocal (tuiseal ainm. / cusp. / tabh.) sa dara díochlaonadh a dhéanamh. Tá na bealaí is coitianta luaite anseo.

(a) Cuirtear - a le deireadh an ainmfhocail gan aon athrú eile a dhéanamh:

bróg → bróga   lámh → lámha
baintreach → baintreacha

(b) Cuirtear - a le deireadh an ainmfhocail tar éis an t-ainmfhocal a athrú ar bhealach éigin m. sh. coimriú, leathnú nó an guta inmheánach a athrú ar chaoi éigin:

roinn → ranna   scian → sceana

(c) Cuirtear - (e)anna le deireadh an ainmfhocail:

áit → áiteanna   ceist → ceisteanna
fadhb → fadhbanna

(d) Cuirtear - í le deireadh an ainmfhocail ilsiollaigh a chríochnaíonn ar chonsan caol:

cáipéis → cáipéisí óráid → óráidí
seachtain → seachtainí

(e) Cuirtear - (e)acha le deireadh an ainmfhocail:

feirm → feirmeacha iníon → iníonacha
paidir → paidreacha

(f) Cuirtear - ta / - te le deireadh roinnt ainmfhocal aonsiollach a chríochnaíonn ar - l nó - n:

tonn → tonnta coill → coillte

(g) Deirí mírialta eile:

spéir → spéartha foireann → foirne
sliabh → sléibhte troigh → troithe

GINIDEACH IOLRA

Uaireanta sa tuiseal ginideach uimhir iolra, baintear úsáid as an bhfoirm sin den ainmfhocal a úsáidtear leis an tuiseal ainmneach uimhir uatha; uaireanta eile, as an bhfoirm a úsáidtear leis an tuiseal ainmneach uimhir iolra. Seo a leanas na rialacha maidir leis an bhfoirm cheart a roghnú:

Na hócáidí ar a n-úsáidtear foirm an ainmnigh uatha

(a) le hainmfhocail a ndéantar a bhfoirm iolra trí - a a chur ar a ndeireadh:

bróg ainm. iolra bróga gin. iolra [na m]bróg
cos   ainm. iolra cosa   gin. iolra [na g]cos
póg   ainm. iolra póga   gin. iolra [na b]póg

Má dhéantar an t-ainmneach iolra ar aon bhealach eile, beidh deireadh an ghinidigh iolra mar an gcéanna leis an ainmneach iolra:

oifig ainm. iolra oifigí   gin. iolra [na n-]oifigí
páirc ainm. iolra páirceanna gin. iolra [na b]páirceanna

Úsáidtear foirmeacha mírialta ar leith sa tuiseal ginideach, uimhir iolra, i gcás roinnt ainmfhocal: breathnaigh faoi **Tuiseal Ginideach Uimhir Iolra an Ainmfhocail - Na Díochlaontaí Uile** sa leabhar gramadaí seo.

Níl aon deireadh ar leith ag an ainmfhocal sa dara díochlaonadh i gcás an tuisil ghairmigh, uimhir iolra:

    iníonacha → a iníonacha!
    baintreacha → a bhaintreacha!

AINMFHOCAIL CHOITIANTA AS AN DARA DÍOCHLAONADH

abairt, acmhainn, adharc, agóid, áibhéil, aidhm, aill, aimsir, áis, aisling, áit, aoir, aois, argóint
bábóg, bainis, baintreach, beach, beairic, béim, bialann, bos, bréag, brionglóid, bróg
caibidil, caint, cáipéis, caor, carraig, cearc, ceardlann, cearnóg, céim, ceird, ceist, ceolchoirm, ciall, cill, cistin, clann, cloch, cluas, cnámh, coicís, coill, coimhlint, cóip, coir, coiscéim, conspóid, constaic, contúirt, cos, craobh, creig, cros, cuileog, cúirt, culaith
dallóg, dámh, dealbh, deifir, deis, deoir, dialann, dóigh, duais, dúil, dúshraith
eaglais, ealaín, eangach, earráid, eitic
fadhb, fallaing, feadóg, féasóg, feirm, fiacail, foireann, foirm, foraois, fréamh, fuaim, fuinneog
gairm, gaoth, géag, gealt, gealtlann, geasróg, geis, girseach, gluais, glúin, gnúis, grian, gruaig, gualainn
im, inchinn, iníon, iris
Laidin, lámh, lámhainn, lámhscríbhinn, lann, lánúin, leac, leadóg, léaráid, leid, léim, leithéid, liathróid, linn, long, luch
maidin, malairt, meancóg, meánscoil, méar, meitheal, mian, mias, milseog, mír, muc
naomhóg, nead, neantóg, nimh
obair, ócáid, oifig, ollscoil, óráid, otharlann
paidir, páirc, peil, péist, pian, pingin, pluais, pluid, póg, proinn
réabhlóid, réaltóg, reilig, réimír, rinn, roinn
saighead, sáil, saotharlann, sceach, sceallóg, scian, scilling, scoil, scríbhinn, seachtain, seamróg, seanaimsir, seift, seoid, sióg, siúlóid, slat, sliabh, sluasaid, spéir, spúnóg, sráid, srón, stoirm, súil
tallann, téad, teoiric, tionóisc, tír, tonn, treibh, tréith, troigh, tuairim, tuairisc
uachtarlann, uaigh, uaimh, uair, ubh, uillinn, uirlis
vaimpír, veist

An Tríú Díochlaonadh

Tá ainmfhocail an díochlaonta seo baininscneach agus firinscneach, críochnaíonn siad ar chonsan agus, ina measc, faightear tromlach na n-ainmfhocal ilsiollach a chríochnaíonn ar:

- áil, - úil, - aíl, - úint, - cht, - éir, - eoir, - óir, - úir

GINIDEACH UATHA

Sa tuiseal ginideach leathnaítear an consan deireanach den ainmfhocal agus cuirtear - a leis:

bádóir	bádóra
saighdiúir	saighdiúra
feirmeoir	feirmeora
crios	creasa

NÓTA: i gcás na n-ainmfhocal sin a chríochnaíonn ar - int, fágtar ar lár an - t deiridh agus, ina gcás siúd a chríochnaíonn ar - irt, athraítear - t go dtí - th:

canúint → canúna   bagairt → bagartha

AINMNEACH AGUS GINIDEACH IOLRA

Is iomaí bealach ann leis an bhfoirm iolra den ainmfhocal sa tríú díochlaonadh a dhéanamh. Tá na bealaí is coitianta luaite anseo.

Tabhair faoi deara gur minic a leathnaítear litir dheireanach an ainmfhocail sula gcuirtear críoch iolra leis an ainmfhocal.

(a) Cuirtear - (a)í le tromlach na n-ainmfhocal ilsiollach a chríochnaíonn ar:

- éir, - eoir, - óir, - úir, - cht, - úint, - irt

péintéir	péintéirí
feirmeoir	feirmeoirí
dochtúir	dochtúirí
canúint	canúintí
cáilíocht	cáilíochtaí

(b) Cuirtear - anna le deireadh an ainmfhocail:

am → amanna   bláth → bláthanna

(c) Cuirtear - acha le deireadh na n-ainmfhocal baininscneach ilsiollach a chríochnaíonn ar na consain chaola - l, - n, - r.

barúil → barúlacha   onóir → onóracha

(d) Cuirtear - ta le deireadh na n-ainmfhocal aonsiollach a chríochnaíonn ar an gconsan caol (bain.) nó leathan (fir.) - l agus - n.

bliain → blianta   gleann → gleannta

(e) Deirí mírialta eile:

béas → béasa   móin → móinte
sliocht → sleachta

Lena chinntiú cén fhoirm d'ainmfhocail an díochlaonta seo a chaithfear a úsáid sa tuiseal ginideach, uimhir iolra, breathnaigh faoi **Tuiseal Ginideach Uimhir Iolra an Ainmfhocail - na Díochlaontaí Uile** sa leabhar gramadaí seo.

Níl aon deireadh ar leith ag an ainmfhocal sa tríú díochlaonadh i gcás an tuisil ghairmigh, uimhir iolra:

feirmeoirí → a fheirmeoirí!
saighdiúirí → a shaighdiúirí!

Ainmfhocail Choitianta as an Tríú Díochlaonadh

acht, admháil, aidiacht, aisteoir, aisteoireacht, altóir, am, anam, áth, athbheochan

bádóir, bagairt, bailitheoir, baincéir, banríon, barúil, beannacht, béas, bláth, bliain, buachaill, buaiteoir, búistéir, bunaitheoir, bunreacht

cáilíocht, cainteoir, Cáisc, canúint, cath, ceacht, ceannaitheoir, ceimiceoir, cíos, cith, cláirseoir, cláraitheoir, clódóir, coimisinéir, comhdháil, comhlacht, conraitheoir, cosúlacht, crios, cruth, cuid, cumhacht, cuspóir, custaiméir

Dáil, damhsóir, dath, deachtóir, deacracht, dífhostaíocht, difríocht, díolaim, díoltóir, díospóireacht, dlíodóir, dochtúir, drámaíocht, dream, droim

éacht, eacnamaíocht, éagóir, eagraíocht, eas, éifeacht, eisceacht, éisteoir, Eoraip

fáth, feag, fealsúnacht, féidearthacht, feirmeoir, feitheoir, feoil, fiaclóir, filíocht, fíon, flaith, foclóir, foghlaimeoir, foilsitheoir, forbairt, fostóir

Gaeilgeoir, Gaeltacht, gamhain, gleann, gluaiseacht, greim, guth

iargúltacht, iarracht, iarrthóir, iasacht, imeacht, imreoir, innealtóir, íobairt, íocaíocht, iomaitheoir, iontráil

leacht, léacht, léachtóir, leictreoir, léiritheoir, léirmheas, léitheoir, lios, litríocht, loch, locht, lóistéir, luach, lus

máistreás, mallacht, marfóir, matamaiticeoir, meadaracht, measúnóir, meicneoir, meisceoir, mil, mírialtacht, míthuiscint, modh, móin, moltóir, muilleoir, múinteoir

náisiúntacht, neacht, neamhrialtacht, nuacht

oidhreacht, oiliúint, ollúnacht, onóir, óstóir

paisinéir, peileadóir, péintéir, poblacht, polaiteoir, polaitíocht

racht, rámh, rámhaíocht, rang, rás, reacht, réalteolaíocht, réiteoir, riarthóir, rinceoir, ríocht, roth, rud

saighdiúir, scáth, scéalaíocht, scoláireacht, scread, scríbhneoir, scrúdaitheoir, sealbhóir, seanmóir, sioc, síocháin, siopadóir, siúinéir, siúlóir, sliocht, snámhóir, sos, sprionlóir, sruth, strainséir

tábhacht, tagairt, táilliúir, tairiscint, tairngreacht, taom, tarracóir, teagascóir, teangeolaíocht, teas, teicneoir, teicneolaíocht, téitheoir, tincéir, tóin, tosaitheoir, tréad, troid, tuarascáil, tuismitheoir

uacht, uaireadóir, ucht, úinéir

vótaíocht

An Ceathrú Díochlaonadh

Tá ainmfhocail an díochlaonta seo firinscneach den chuid is mó. Ina measc tá na hainmfhocail sin a chríochnaíonn ar - ín, tromlach na n-ainmfhocal a chríochnaíonn ar ghuta agus roinnt ainmfhocal eile.

UATHA

Ní athraítear deireadh an ainmfhocail sa díochlaonadh seo in aon tuiseal san uimhir uatha.

iascaire → iascaire   croí → croí   cailín → cailín

AINMNEACH IOLRA

Is iomaí bealach ann leis an bhfoirm iolra den ainmfhocal sa cheathrú díochlaonadh a dhéanamh. Tá na bealaí is coitianta luaite anseo thíos.

(a) Cuirtear - (a)í le deireadh na n-ainmfhocal a chríochnaíonn ar - ín, - a, - *e:

cailín → cailíní   píopa → píopaí   páiste → páistí

*NÓTA: cuirtear - í in áit - e.

(b) Cuirtear - (i)the le deireadh na n-ainmfhocal a chríochnaíonn ar - *(a)í, - aoi, - é:

oibrí	oibrithe	draoi	draoithe
rúnaí	rúnaithe	finné	finnéithe

*NÓTA: cuirtear - (a)ithe in áit - (a)í.

Eisceachtaí:

dlí → dlíthe   rí → ríthe

(c) Cuirtear - nna le deireadh na n-ainmfhocal sin a chríochnaíonn ar - á, - eá, - ó, - eo, -ú, - ia, - ogha, - ua, - ao:

trá	tránna	rogha	roghanna
fleá	fleánna	bua	buanna
cú	cúnna		

(d) Deirí mírialta eile:

ainm → ainmneacha
máistir → máistrí
bruach → bruacha

GINIDEACH IOLRA

Lena chinntiú cén fhoirm d'ainmfhocail an díochlaonta seo a chaithfear a úsáid sa tuiseal ginideach, uimhir iolra, breathnaigh faoi **Tuiseal Ginideach Uimhir Iolra an Ainmfhocail - Na Díochlaontaí Uile** sa leabhar gramadaí seo.

Níl aon deireadh ar leith ag an ainmfhocal sa cheathrú díochlaonadh i gcás an tuisil ghairmigh, uimhir iolra:

cailíní → a chailíní!   banaltraí → a bhanaltraí!

AINMFHOCAIL CHOITIANTA AS AN GCEATHRÚ DÍOCHLAONADH

achainí, acra, aguisín, aicme, aigne, ailtire, ainm, ainmhí, aintín, Aire,
    amhránaí, ancaire, aoi, ateangaire, aturnae
bá, báidín, baile, balla, banchéile, barra, bata, bearna, béile, bia, bille,
    bladhaire, blúire, bosca, bricfeasta, briosca, bruach, buama, buille
caife, cárta, cé, ceannaí, ceapaire, céilí, ceirnín, ceo, cigire, cine, cinsire,
    cipín, ciste, claí, cleasaí, cló, club, cluiche, cnaipe, cneá, cnó, cócaire,
    coinín, coisí, coiste, coláiste, comhartha, comhrá, comrádaí, contae,
    crúiscín, cú, cúige, cúinne
dalta, damhsa, dáta, deoraí, dílleachta, dísle, dornálaí, draoi, dréimire,
    druga, duáilce, duga, duine
eachtra, eala, earra, eascaine, easna, eite, eolaí
faiche, fáinne, farraige, féasta, féile, féilire, féirín, fia, file, fleá, fógra, foinse,
    forainm, fórsa, freagra
gadaí, gairdín, gáire, gála, garáiste, garda, garraí, gé, geata, giolla, giota,
    glao, gloine, gné, gnó, gráinne, grua, gúna, gunna, guta
halla, hata
iarla, iarsma, iascaire, inscne, iomaire, iománaí, ionadaí, ionsaí, ispín
laige, lampa, lána, lao, laoi, lasta, leabharlannaí, léana, léine, leoithne, líne,
    liosta, lóistín, luibheolaí
macalla, machaire, madra, máistir, mála, mangaire, masla, mianra, míle,
    ministir, moncaí, muga, muinchille, múnla
ní, nia, nóta
oibrí, oíche, oide, oidhre, oráiste, osna
páiste, pána, paróiste, peaca, péarla, peata, pianó, píobaire, pionta, píopa,
    píosa, planda, pláta, plean, pleidhce, pointe, polasaí, pota, práta,
    prionsa, profa
rabharta, ráca, ráille, reachtaire, réalta, réimse, rí, ribe, rince, róba, rolla,
    rothaí, ruainne, rúitín, rúnaí
saineolaí, sampla, saothraí, scála, scata, scéalaí, sciorta, sclábhaí, scoláire,
    scuaine, sealgaire, seanchaí, seanduine, seans, seic, seilf, seó, seomra,
    sicín, siolla, siopa, slabhra, slí, slua, snáithe, sonra, spiaire, spota, stábla,
    staraí, stua, suáilce
tábhairne, tábla, taibhse, táille, táirge, taisme, taoide, teachta, teachtaire,
    téacs, téama, teanga, téarma, teicneolaí, tiarna, tine, tionsclaí, tlú, toitín,
    trá, tráthnóna, tréadaí, tréimhse, tuáille, tubaiste, turcaí
uisce, uncail, unsa, úrscéalaí
veain, véarsa, vóta

An Cúigiú Díochlaonadh

Tá ainmfhocail an díochlaonta seo baininscneach den chuid is mó agus críochnaíonn siad ar chonsan caol nó ar ghuta.

Ginideach Uatha

I dTuiseal Ginideach an díochlaonta seo críochnaíonn na hainmfhocail ar - ch, - d, - (n)n, - r leathan. Is minic a athraítear lár na n-ainmfhocal seo le linn leathnú a gcuid consan deiridh:

cathair	cathrach
traein	traenach
athair	athar
abhainn	abhann
monarcha	monarchan

Iolra

Is iomaí bealach ann leis an bhfoirm iolra den ainmfhocal sa chúigiú díochlaonadh a dhéanamh. Tá na bealaí is coitianta luaite anseo thíos.

(a) Cuirtear - (e)acha le deireadh na n-ainmfhocal tar éis athruithe inmheánacha cuí a chur ar na hainmfhocail go minic:

cathair → cathracha   traein → traenacha
athair → aithreacha

(b) Cuirtear - na / - ne le deireadh na n-ainmfhocal baininscneach sin a chríochnaíonn ar ghuta sa tuiseal ainmneach, uimhir uatha, agus ar - n sa tuiseal ginideach, uimhir uatha:

comharsa → comharsana   monarcha → monarchana
ceathrú → ceathrúna

(c) Cuirtear - idí le deireadh na n-ainmfhocal firinscneach sin a chríochnaíonn ar - d sa tuiseal ginideach uimhir uatha:

fiche → fichidí   caoga → caogaidí

(d) Deirí mírialta eile:

cara → cairde   caora → caoirigh

Lena chinntiú cén fhoirm d'ainmfhocail an díochlaonta seo a chaithfear a úsáid sa tuiseal ginideach, uimhir iolra, breathnaigh faoi **Tuiseal Ginideach Uimhir Iolra an Ainmfhocail - Na Díochlaontaí Uile** sa leabhar gramadaí seo.

Níl aon deireadh ar leith ag an ainmfhocal sa chúigiú díochlaonadh i gcás an tuisil ghairmigh, uimhir iolra:

> cairde ➜ a chairde!
> máithreacha ➜ a mháithreacha!

abhainn, Albain, athair
beoir, bráthair
cáin, caora, cara, carcair, cathair, cathaoir, ceathrú, comharsa,
    coróin, cráin
deartháir, díle, draein
eochair
faocha
gráin
inneoin, ionga, ithir
lacha, láir, lasair, láthair
leasmháthair, litir, loinnir
mainistir, máthair, meabhair, míthreoir, monarcha
namhaid, nathair, Nollaig
oitir
pearsa, príomhchathair
riail
seanathair, siocair, siúr, stiúir
traein, treoir, triail
uimhir

AINMFHOCAIL MHÍRIALTA

Tá roinnt ainmfhocal ann idir bhaininscneach agus fhirinscneach nach mbaineann le díochlaonadh ar bith. Seo a leanas liosta de na hainmfhocail is tábhachtaí díobh sin chomh maith le sonraí fúthu maidir le hinscne, tuiseal ginideach uatha agus foirmeacha iolra:

	Uatha	Iolra
Ainmneach	Ginideach	Tuisil uile
deirfiúr (b.)	deirféar	deirfiúracha
deoch (b.)	dí	deochanna
Dia (f.)	Dé	Déithe
lá (f.)	lae	laethanta
leaba (b.)	leapa	leapacha
mí (b.)	míosa	míonna
teach (f.)	tí	tithe

NÓTA: tá an t-ainmfhocal bean níos mírialta arís:

bean (b.)	mná	mná (gin. iolra ban)

Ainmfhocail Mhírialta eile:

> meangadh
> scrúdú
> síniú
> talamh
> tarraingt

TUISEAL GINIDEACH UIMHIR IOLRA
– NA DÍOCHLAONTAÍ UILE

Uaireanta sa tuiseal ginideach uimhir iolra, baintear úsáid as an bhfoirm sin den ainmfhocal a úsáidtear leis an tuiseal ainmneach uimhir uatha, uaireanta eile, as an bhfoirm a úsáidtear leis an tuiseal ainmneach uimhir iolra. Seo a leanas na rialacha maidir leis an bhfoirm cheart a roghnú:

Na hócáidí ar a n-úsáidtear foirm an ainmnigh uatha:

(a) le hainmfhocail a ndéantar a bhfoirm iolra trí chaolú a dhéanamh ar a gconsan deireanach:

asal	ainm. iolra	asail	gin. iolra	[na n-]asal
bád	ainm. iolra	báid	gin. iolra	[na m]bád
fear	ainm. iolra	fir	gin. iolra	[na bh]fear
bacach	ainm. iolra	bacaigh	gin. iolra	[na m]bacach

(b) le hainmfhocail a ndéantar a bhfoirm iolra trí - a a chur ar a ndeireadh:

bróg	ainm. iolra	bróga	gin. iolra	[na m]bróg
bos	ainm. iolra	bosa	gin. iolra	[na m]bos
fuinneog	ainm. iolra	fuinneoga	gin. iolra	[na bh]fuinneog

TUISEAL GINIDEACH UIMHIR IOLRA
– FOIRMEACHA EISCEACHTÚLA

Tá roinnt ainmfhocal ann a bhfuil foirm ar leith acu a úsáidtear sa tuiseal ginideach iolra amháin. Seo a leanas liosta díobh:

	ainm. uatha	ainm. iolra	gin. iolra
blemish	ainimh	ainimhe	aineamh
woman	bean	mná	ban
peak	binn	beanna	beann
drop	deoir	deora	deor
loss	díth	díotha	díoth
desire	dúil	dúile	dúl
art	ealaín	ealaíona	ealaíon
knee	glúin	glúine	glún
jewel	seoid	seoda	seod
eye	súil	súile	súl

Maidir leis na hainmfhocail seo a leanas, tá foirm ar leith acu a úsáidtear sa tuiseal ginideach uimhir uatha agus iolra:

	ainm. uatha	gin. uatha / iolra
sheep	caora	caorach
neighbour	comharsa	comharsan
periwinkle	faocha	faochan
duck	lacha	lachan

NÓTA: tá roinnt ainmfhocal eile ann a úsáideann foirm ar leith sa tuiseal gin. uimhir iolra sa chaint nó in abairtí ar leith:

> bliain
> cara
> namhaid

Ní théann aon athrú ar dheireadh an ainmfhocail bó sa tuiseal gin. uatha / iolra.

URÚ AR THÚSLITIR AINMFHOCAIL

Uraítear túslitir ainmfhocail:

(a) tar éis an ailt

i. sa tuiseal tabharthach, uimhir uatha (i gcás túschonsan amháin) tar éis na réamhfhocal simplí ag, ar, as, chuig, faoi, le, ó, roimh, thar, trí, um:
ach amháin nuair is d nó t an túschonsan - ní athraítear iad sin ar aon ócáid.

ag an bhfear	*at the man*
as an gcistin	*out of the kitchen*
ar an mbus	*on the bus*
ón teach	*from the house*

ii. sa tuiseal ginideach, uimhir iolra

ceol na n-éan	*the song of the birds*
rogha na mban	*the women's choice*
hataí na bhfear	*the men's hats*

(b) tar éis an réamhfhocail i

i gcistin	*in a kitchen*
i dteach	*in a house*

NÓTA: i → in roimh thúsghutaí, dhá agus bhur:

in uisce	*in water*
in bhur mbosca	*in your* (iol.) *box*
in áit eile	*in another place*
in dhá ionad	*in two venues*

(c) in abairtí ar leith:

ar gcúl	*behind*
go bhfios dom	*to my knowledge*
ar ndóigh	*of course*
cá bhfios dom?	*how do I know?*
ar dtús	*firstly*

(d) tar éis na n-aidiachtaí sealbhacha iolra ár, bhur, a (fiú amháin agus dhá ag teacht ina ndiaidh):

ár bpáiste	*our child*
bhur gcuid airgid	*your* (iol.) *money*
a bpinn	*their pens*
bhur dhá ngeata	*your* (iol.) *two gates*
ár dhá gcarr	*our two cars*

(e) tar éis na n-uimhreacha seacht, ocht, naoi agus deich:

seacht n-uaire	*seven hours*
naoi mbus	*nine buses*
ocht gcat	*eight cats*
deich bpingine	*ten pence*

SÉIMHIÚ AR THÚSLITIR AINMFHOCAIL

1 Séimhítear túschonsan ainmfhocail (ach amháin i gcás d, t nó s) tar éis an ailt nuair atá an t-ainmfhocal a leanann é:

(a) baininscneach, uatha agus sa tuiseal ainm. / cusp.:

feicim an bhean	*I see the woman*
tá an fharraige ag trá	*the sea is ebbing*
las sé an tine	*he lit the fire*

(b) firinscneach, uatha agus sa tuiseal gin.:

hata an fhir	*the man's hat*
ag moladh an bhuachalla	*praising the boy*
ag dúnadh an dorais	*closing the door*

(c) baininscneach nó firinscneach, uatha, sa tuiseal tabh. agus den, don, sa(n) ag teacht roimhe:

den chrann	*of / off the tree*
san fharraige	*in the sea*
don chailín	*to the girl*
sa teach	*in the house*

2 Séimhítear túschonsan an uile ainmfhocail (uatha / iolra, bain. / fir.) tar éis:

(a) na míre gairmí a:

a bhuachaill(í)!	*boy(s)!*	a fheara!	*men!*
a pháistí!	*children!*	a mháthair!	*mother!*

(b) na n-aidiachtaí sealbhacha mo, do, a (3 uatha fir.):

mo chapall	*my horse*
a theach	*his house*
do dhinnéar	*your dinner*

(c) uile:

an uile dhuine	*every person*
gach uile sheachtain	*every week*

(d) na réamhfhocal simplí de, do, faoi, mar, ó, roimh, trí, um i gcónaí agus, ar ócáidí áirithe: ar, gan, idir, thar:

rud a bhaint **de** dhuine	*to take something from a person*
tabhair **do** chailín eile é!	*give it to another girl!*
ag obair **faoi** thalamh	*working underground*
fuair mé **mar** bhronntanas é	*I got it as a present*
ó theach go teach	*from house to house*
roimh mhaidin	*before morning*
trí bhallaí an tí	*through the walls of the house*
um thráthnóna	*in the evening*
ar bharr an tí	*on the top of the house*
gan phingin	*without a penny*
ag taisteal **idir** thíortha	*travelling between countries*
thar bhalla na scoile	*over the wall of the school*

3   Séimhítear túschonsan an ainmfhocail tar éis na n-uimhreacha seo a leanas:

(a)   aon agus chéad (ach amháin i gcás na dtúslitreacha d, t, s):

aon fhear amháin	*one man*
an **chéad** ghasúr	*the first boy*

(b)   dhá (mura dtagann na haidiachtaí sealbhacha a (3 uatha bain. & 3 iolra), ár & bhur roimhe):

dhá chapall	*two horses*
dhá theach	*two houses*

(c)   trí, ceithre, cúig, sé nuair a bhaintear úsáid as an bhfoirm uatha den ainmfhocal:

trí charr	*three cars*	**cúig** dhoras	*five doors*
ceithre cheacht	*four lessons*	**sé** theach	*six houses*

(d)   beirt:

beirt pháistí	*two children*
beirt fheirmeoirí	*two farmers*

4 Séimhítear túschonsan an ainmfhocail tar éis fhoirmeacha uile na copaile (.i. ba, ar, gur, níor, nár srl.) san aimsir chaite agus sa mhodh coinníollach:

ba dhochtúir é	*he was a doctor*
níor chladhaire í	*she was not a coward*
ar shagart é?	*was he a priest?*
nár ghadaí é?	*wasn't he a thief?*

5 Séimhítear túschonsan sloinnte tar éis:

(i) Ní & Uí   (ii) *Mhic, Mhig, Nic & Nig:

teach Sheáin **Uí** Bhriain	*John O'Brien's house*
Cáit **Ní** Bhriain	*Kate O'Brien*
carr Pheadair **Mhic** Dhuibhir	*Peter Mc Dyer's car*
airgead Bhríd Nic Coinnigh	*Bridget Mc Kenzie's money*

*NÓTA: ní shéimhítear na túschonsain c ná g i gcás (ii).

6 Séimhítear túschonsan **ainm dhílis** (*proper noun*) tar éis ainmfhocail chomhshuite nó nuair a bhíonn sé sa ghinideach i ndiaidh ainmfhocail:

i láthair Sheáin	*in John's presence*
cathair Dhoire	*Derry City*
os comhair Mháire	*in front of Mary*
sráideanna Chorcaí	*the streets of Cork*
bean Shéamais	*James's wife*
contae Shligigh	*county Sligo*

7 Séimhítear túschonsan ainmfhocail éiginnte nó ainm bhriathartha sa tuiseal ginideach má tá an t-ainmfhocal éiginnte nó an t-ainm briathartha faoi réir ag ainmfhocal eile (atá baininscneach* agus san uimhir uatha nó atá san uimhir iolra* agus ag críochnú ar chonsan caol) a thagann go díreach rompu:

dlaoi ghruaige	*a lock of hair*
sráid mhargaidh	*a market street*
culaith bhréidín	*a tweed suit*
aimsir shamhraidh	*summer weather*
ábhair chainte	*topics of conversation*
éisc mhara	*sea fish*
leabhair Ghaeilge	*Irish books*
tuirse shúl	*eye fatigue*

*NÓTA: tá cuid mhór eisceachtaí ar an riail áirithe seo agus seo a leanas liosta de na heisceachtaí is coitianta:

(a) Nuair a chríochnaíonn an chéad ainmfhocal ar d, n, t, l, s, agus gur d, s, t, an túschonsan ar an gcéad ainmfhocal eile, níl aon séimhiú ann:

báid seoil	*sailboats*
bean tí	*housewife*
poill deataigh	*smoke-holes*

(b) Nuair is **ainm teibí** (*abstract noun*) an chéad ainmfhocal, níl aon séimhiú ann:

saoirse cainte	*freedom of speech*
fairsinge cumhachta	*extent of power*
óige duine	*one's youth*
áilleacht mná	*a woman's beauty*

(c) Nuair a chuireann an chéad ainmfhocal **cainníocht** (*quantity*) in iúl, níl aon séimhiú ann: barraíocht, breis, cuid, easpa, iomarca:

an iomarca codlata	*too much sleep*
breis misnigh	*extra courage*
barraíocht cainte	*too much talk*
easpa céille	*lack of sense*

(d) Nuair a théann aidiacht leis an ainmfhocal atá sa tuiseal ginideach, níl aon séimhiú ann:

oíche gaoithe móire	*a night of great wind*
scian coise duibhe	*a black handled knife*

(e) Más ball de chorp duine nó ainmhí nó páirt de rud atá i gceist, níl aon séimhiú ann:

cuisle duine	*a person's pulse / vein*
cluas cupáin	*a cup's handle*
cos páiste	*a child's leg*
aghaidh mná	*a woman's face*

(f) Má thagann **cnuasainm** (*collective noun*) roimh ainmfhocal sa ghinideach iolra, níl aon séimhiú ann:

scuaine caorach	*a flock of sheep*
táin bó	*a herd of cattle*

(g) Más **ainmní** (*subject*) nó **gníomhaí** (*agent*) an t-ainmfhocal atá sa tuiseal ginideach, níl aon séimhiú ann:

búireach bó	*lowing of cows*
beannacht baintrí	*a widow's blessing*

(h) Má leanann ainmfhocal éiginnte ainm briathartha a dtagann réamhfhocal simplí roimhe, níl aon séimhiú ann:

ag cogaint milseáin	*chewing a sweet*
ag tógáil balla	*building a wall*

Eisceachtaí: ag gabháil cheoil / fhoinn, ag fáil bháis

(i) Má thugann an t-ainmfhocal atá sa tuiseal ginideach le fios cé leis nó céard lena aghaidh an chéad ainmfhocal, níl aon séimhiú ann:

culaith fir	*a man's suit*
bróg páiste	*a child's shoe*

(j) Más ginideach comhfhaisnéise atá i gceist (.i. míníonn sé an t-ainmfhocal a thagann roimhe) agus gur duine atá ann, níl aon séimhiú ann:

baintreach fir	*a widower*
leibide mná	*a foolish woman*

(k) Nuair a thagann **réamhfhocal comhshuite** (*compound preposition*) roimh ainmfhocal éiginnte (ach amháin i gcás ainm phearsanta nó ainm áite) ní shéimhítear túschonsan an ainmfhocail:

i láthair múinteora	*in the presence of a teacher*
in aghaidh duine	*against someone*

NÓTA: tá roinnt mhaith eisceachtaí ann ón riail sin.

8   Séimhítear túschonsan ainmfhocail i **gcomhfhocal** (*compound word*) tar éis **réimíre** (*prefix*) nó aon fhocail eile ach amháin nuair a thagann d, n, t, l, s le chéile:

seanfhear	*an old man*
seanduine	*an old person*
corrdhuine	*an occasional person*
bantiarna	*a lady*

bunchíos	*ground rent*
leasdeartháir	*a stepbrother*
aonmhac	*an only son*

9   Séimhítear túschonsan ainm theibí (*abstract noun*) nuair a thagann an mhír speisialta a roimhe:

a **bhoirbe** a labhair sí	*so angrily did she speak*
a **shaoire** atá sé!	*how cheap it is!*
a **dheacra** a bhí sé	*considering how difficult it was*

RÉAMHFHOCAIL

Tá dhá chineál réamhfhocail ann sa Ghaeilge:

1 réamhfhocail shimplí

2 réamhfhocail chomhshuite

1 RÉAMHFHOCAIL SHIMPLÍ

Is féidir trí roinn a dhéanamh de na réamhfhocail shimplí, ag brath ar an tuiseal a leanann iad.

(a) Tá roinnt réamhfhocal ann a leanann an tuiseal ainmneach iad m. sh. gan, go dtí, idir, seachas:

gan an t-airgead	*without the money*
go dtí an chathair	*to the city*
seachas an bhean sin	*other than that woman*

(b) Leanann an tuiseal tabharthach tromlach na réamhfhocal m. sh. ag, ar, as, chuig, de, do, faoi, go, i, le, ó, roimh, thar, trí, um:

ag an mbord	*at the table*
ar an ngeata	*on the gate*
amach as an áit seo	*out of this place*

(c) Leanann an tuiseal ginideach na réamhfhocail seo a leanas go hiondúil m.sh chun, dála, fearacht, timpeall, trasna:

chun na cathrach	*to the city*
timpeall na háite	*around the place*
trasna na habhann	*across the river*

Ní athraítear tromlach na réamhfhocal is cuma cén sórt focail a leanann iad. Athraítear cuid acu ar bhealaí éagsúla, áfach, ag brath ar an gcineál focail a leanann iad m. sh. **an t-alt**, uatha nó iolra, **aidiachtaí sealbhacha agus míreanna coibhneasta**.

[Baineann sin leis na réamhfhocail i rannóg [1] amháin, agus fiú amháin ansin, ní tharlaíonn sé sna cásanna uile ná ní athraítear iad ar an mbealach céanna.   Luaitear eisceachtaí maidir leis seo faoi na réamhfhocail chuí.]

Déantar an t-eolas seo uilig a sholáthar faoi gach aon réamhfhocal sa leabhar gramadaí seo.

Tá foirmeacha pearsanta ag tromlach mór na réamhfhocal i rannóg [1] thuas agus tugtar **forainmneacha réamhfhoclacha** (*prepositional pronouns*) orthu sin .i. nasctar an forainm agus an réamhfhocal in aon fhocal amháin in ionad iad a choinneáil scartha óna chéile mar a tharlaíonn sa Bhéarla m. sh. agam (*at me*), agat (*at you*) srl. Soláthraítear na foirmeacha seo freisin le gach aon réamhfhocal sa leabhar gramadaí seo.

Soláthraítear freisin samplaí den chaoi a n-úsáidtear gach aon cheann de na réamhfhocail seo.

ag *at*

Forainmneacha Réamhfhoclacha

agam	*at me*	againn	*at us*
agat	*at you* (uatha)	agaibh	*at you* (iolra)
aige	*at him, it*	acu	*at them*
aici	*at her, it*		

Ní chuireann sé aon athrú ar thúslitir an ainmfhocail éiginnte a leanann é:

ag baile *at a town*   ag caisleán *at a castle*

Ní théann aon athrú air nuair a leanann an t-alt nó na haidiachtaí sealbhacha é:

ag an ngeata / na geataí   *at the gate / gates*
ag a dhoras / doras / ndoras   *at his / her / their door*

Go hiondúil, ní úsáidtear na míreanna coibhneasta a agus ar leis an réamhfhocal seo.

Úsáid:

tá sí ag an teach   *she is at the house*
bhí mé ag an gcóisir   *I was at the party*
ag a seacht a chlog   *at seven o'clock*

Leis an Ainm Briathartha:

tá sé ag léamh   *he is reading*
tá sé ag rith   *he is running*

Leis an mBriathar bí:

tá teach agam   *I have a house*
tá airgead agam   *I have money*

tá Gaeilge agam   *I know Irish*
                            (i.e. *how to read, speak and write the language*)
tá snámh agam   *I know how to swim*

ag mo bhualadh   *beating me*
ag do mholadh   *praising you*

duine (bean, fear) againn / agaibh / acu   *one of us / you / them*
triúr acu   *three of them*
cá mhéad acu?   *how many of them?*

ar *on*

Forainmneacha Réamhfhoclacha

orm	*on me*	orainn	*on us*
ort	*on you* (uatha)	oraibh	*on you* (iolra)
air	*on him, it*	orthu	*on them*
uirthi	*on her, it*		

Is iondúil go séimhíonn ar túslitir ainmfhocail éiginnte a thagann ina dhiaidh:

ar chrann *on a tree* ar chathaoir *on a chair*

NÓTA: eisceacht is ea ar gcúl.

Is iondúil nach séimhíonn ar túslitir ainmfhocail a thagann ina dhiaidh nuair is abairtí seasta nó tagairtí ginearálta atá i gceist:

ar mire	*mad*
ar deireadh	*last*
ar meisce	*drunk*
ar taispeáint	*on display*
ar ball	*later*
ar cuairt	*on a visit*
ar siúl	*going on*
ar maidin	*in the morning*
ar clé	*on the left*
ar díol	*for sale*
ar deis	*on the right*

Ní théann aon athrú air nuair a leanann an t-alt nó na haidiachtaí sealbhacha nó míreanna coibhneasta é:

ar an gcrann / na crainn	*on the tree / trees*
ar a chathaoir / a cathaoir	*on his / her chair*
ar a gcathaoireacha	*on their chairs*
an bord ar a leagtar an mála	*the table on which the bag is placed*
ar ar leagadh an mála	*the table on which the bag was placed*

Úsáid:

ar an talamh	*on the ground*
ar charraig	*on a rock*
tá codladh orm	*I am sleepy*
tá slaghdán orm	*I have a cold*
tá eagla orm	*I am afraid*
cad tá ort?	*what is wrong with you?*
tá ocras orm	*I am hungry*
breathnaigh air!	*look at it!*
dhíol mé ar phunt é	*I sold it for a pound*
lean ort!	*continue!*
d'fhéach mé air	*I looked at it*
iarr air é!	*ask him for it!*
bhí sí ag freastal air	*she was attending it*
theip orainn	*we failed*
ar a hocht a chlog	*at eight o'clock*
ar an lá áirithe sin	*on that particular day*
tiocfaidh sé ar maidin	*he will come in the morning*

as *out of, from*

Forainmneacha Réamhfhoclacha

asam	*out of me*	asainn	*out of us*
asat	*out of you* (uatha)	asaibh	*out of you* (iolra)
as	*out of him, it*	astu	*out of them*
aisti	*out of her, it*		

Ní chuireann sé aon athrú ar thúslitir an ainmfhocail éiginnte a leanann é:

as áit	*out of place*	as gloine	*out of / from a glass*

Ní théann aon athrú air nuair a leanann an t-alt nó na haidiachtaí sealbhacha nó míreanna coibhneasta é:

as an bpáirc / na páirceanna	*out of the field / fields*
as a theach / teach / dteach	*out of his / her / their house*
as a n-óltar	*out of which is drunk*

Úsáid:

is as Gaillimh é	*he is from Galway*
míle as Doire	*a mile from Derry*
abair as Béarla é	*say it in English*
tá sé scríofa as Gaeilge	*it is written in Irish*
d'íoc mé as an leabhar	*I paid for the book*
d'éirigh mé as an obair	*I gave up the work*
bainfidh mé triail as	*I'll try it*

67

Forainmneacha Réamhfhoclacha

chugam	*to me*	chugainn	*to us*
chugat	*to you* (uatha)	chugaibh	*to you* (iolra)
chuige	*to him, it*	chucu	*to them*
chuici	*to her, it*		

Ní chuireann sé aon athrú ar thúslitir an ainmfhocail éiginnte a leanann é:

chuig áit	*to(wards) a place*
chuig duine	*to(wards) a person*

Ní théann aon athrú air nuair a leanann an t-alt nó na haidiachtaí sealbhacha é:

chuig an teach / na tithe	*to(wards) the house / houses*
chuig a athair / hathair / n-athair	*to(wards) his / her / their father*

Go hiondúil, ní úsáidtear na míreanna coibhneasta a agus ar leis an réamhfhocal seo.

Úsáid:

chuig an siopa	*to(wards) the shop*
chuig an gcistin	*to(wards) the kitchen*
go maith chuig an nGaeilge	*good at Irish*
go maith chuig slaghdán	*good for a cold*

de *from, off, of*

Forainmneacha Réamhfhoclacha

díom	*from / off me*	dínn	*from / off us*
díot	*from / off you* (uatha)	díbh	*from / off you* (iolra)
de	*from / off him, it*	díobh	*from / off them*
di	*from / off her, it*		

Leanann séimhiú de nuair a thagann ainmfhocal éiginnte ina dhiaidh:

buille de bhata   *a blow of a stick*
bain de dhuine eile é   *take it off someone else*

Báitear an guta .i. de → d' roimh ghutaí agus fh + guta:

a leithéid d'amadán   *such a fool*
ribe d'fhéasóg an fhir   *a hair of the man's beard*

Táthaítear é leis an alt uatha agus faightear den:

den bhord   *off / of the table*
den chrann   *off / of the tree*

Táthaítear é leis na haidiachtaí sealbhacha a (*his / its* [fir.], *her / its* [bain.], *their*) agus ár (*our*) agus faightear dá, dár:

dá athair / hathair / n-athair   *from his / her / their father*
dár gclann   *from our family*

Táthaítear é leis na míreanna coibhneasta a agus ar agus faightear dá agus dár:

an t-ábhar **dá** ndéantar é   *the material from which it is made*
gach uair **dár** chuimhnigh mé air   *each time I thought of it*

Táthaítear é le míreanna coibhneasta indíreacha na copaile ar(b)(h) agus faightear dar(b)(h):

fear **darb** ainm Seán   *a man called John*
an bhean **dar** dual an tsaint   *a woman for whom greed is natural*

Táthaítear é leis an mír a a úsáidtear le hainmfhocail theibí a chuireann cainníocht in iúl agus faightear dá:

dá laghad é	*little as it is*
dá fheabhas é	*good as it is*
dá olcas é	*bad as it is*

Úsáid:

tóg den chathaoir é!	*lift it off the chair!*
bain díot do chóta!	*take off your coat!*
cuid den airgead	*some of the money*
duine de na daoine	*one of the people*
de phlimp	*with a bang*
éirigh de léim!	*jump up!*
bréan den obair	*tired of the work*
tuirseach den saol	*world-weary*
stad sí den ól	*she stopped drinking*
leanfar den obair	*the work will be continued*

do *to, for*

Forainmneacha Réamhfhoclacha

dom	*to me*	dúinn	*to us*
duit	*to you* (uatha)	daoibh	*to you* (iolra)
dó	*to him, it*	dóibh	*to them*
di	*to her, it*		

Leanann séimhiú do nuair a thagann ainmfhocal éiginnte ina dhiaidh:

do dhuine	*to a person*	do mhadra	*to a dog*

Báitear an guta ann .i. do → d' roimh ghutaí agus fh + guta:

cóngarach d'áit eile	*near another place*
tabhair d'fhear eile é!	*give it to another man!*

Táthaítear é leis an alt uatha agus faightear don:

don bhuachaill	*to the boy*
don chailín	*to the girl*

Táthaítear é leis na haidiachtaí sealbhacha a (*his / its* [fir.], *her / its* [bain.], *their*) agus ár (*our*) agus faightear dá, dár:

dá athair / hathair / n-athair	*to his / her / their father*
dár gclann	*to our family*

Táthaítear é leis na míreanna coibhneasta a agus ar agus faightear dá agus dár:

an té dá dtugann /	*the person to whom he gives the money*
an té dár thug sé an t-airgead	*the person to whom he gave the money*

Úsáid:

cóngarach don chathair	*near the city*
is cara dom é	*he is a friend of mine*
cad is ainm di?	*what is her name?*
cárb as duit?	*where are you from?*
Dia duit!	*God save you / Hello!*
oíche mhaith duit!	*good night (to you)!*
tá grá agam dó	*I love him*
tá trua aige dóibh	*he pities them*

bí go maith di!	*be good to her!*
do mo bhualadh	*beating me*
do do mholadh	*praising you*
bheannaigh mé di	*I greeted her*
tabhair dó an peann!	*give him the pen!*
d'inis sí scéal dom	*she told me a story*
oireann sé duit	*it suits you*
d'ordaigh mé dó stad	*I ordered him to stop*

faoi *under, beneath, about*

Forainmneacha Réamhfhoclacha

fúm	*under me*	fúinn	*under us*
fút	*under you* (uatha)	fúibh	*under you* (iolra)
faoi	*under him, it*	fúthu	*under them*
fúithi	*under her, it*		

Leanann séimhiú faoi nuair a thagann ainmfhocal éiginnte ina dhiaidh:

faoi bhord   *under a table*
faoi bhrón   *grieving*

Táthaítear é leis an alt uatha agus faightear faoin:

faoin gcathaoir   *under the chair*
faoin gcarr   *under the car*

Táthaítear é leis na haidiachtaí sealbhacha a (*his / its* [fir.], *her / its* [bain.], *their*) agus ár (*our*) agus faightear faoina, faoinár:

faoina ainm / hainm / n-ainm féin   *under his / her / their own name*
faoinár n-ainm féin   *under our own name*

Táthaítear é leis na míreanna coibhneasta a agus ar agus faightear faoina agus faoinar:

an charraig **faoina** luíonn sé   *the stone under which it lies*
an charraig **faoinar** luigh sé   *the stone under which it lay*

Úsáid:

tá fúm dul abhaile	*I intend to go home*
cad tá fút?	*what are you up to?*
faoi smacht	*restrained*
faoi lánseol	*in full swing*
tá áthas orm faoi sin	*I am happy about that*
tá náire orm faoi sin	*I am ashamed of that*
faoi láthair	*at present*
faoi dhó	*twice*
faoin tuath	*in the country(side)*
faoin Aoine	*by Friday*
thug sé fogha fúthu	*he made a lunge at them*
chuir sé faoi san áit	*he stayed in the place*

73

gan without

Forainmneacha Réamhfhoclacha

I ngach aon phearsa, gan agus an forainm cuí ina dhiaidh:

gan mé	*without me*	gan muid / sinn	*without us*
gan tú	*without you* (uatha)	gan sibh	*without you* (iolra)
gan é	*without him, it*	gan iad	*without them*
gan í	*without her, it*		

Cuireann sé séimhiú ar na túschonsain b, c, *f, g, m, p i gcás ainmfhocal éiginnte / gan cháiliú agus ainmneacha briathartha a sheasann leo féin:

gan chlann	*without a family*
gan phingin	*without a penny*
gan fheidhm	*aimless*
gan mhaith	*useless*
gan chorraí	*motionless*

*Eisceacht: gan fáth **without reason**

Ní leanann séimhiú é nuair a leanann abairt nó clásal ainmfhoclach faoi cháiliú nó briathartha:

gan clann ar bith	*without any family*
gan pingin lena ainm aige	*without a penny to his name*
gan maith dá laghad	*without any good at all*
abair leis gan corraí	*tell him not to move*
abair leis gan punt a chaitheamh	*tell him not to spend a pound*

Leanann an tuiseal ainmneach é agus ní théann aon athrú air ar ócáid ar bith:

gan an t-airgead	*without the money*
gan an bhean	*without the woman*
gan a chead	*without his permission*

Úsáid:

abair leis gan bogadh!	*tell him not to move!*
iarr air gan stad!	*ask him not to stop!*
gan mé sa bhaile!	*if only I were at home!*
gan muid linn féin!	*if only we were alone!*

i *in*

Forainmneacha Réamhfhoclacha

ionam	*in me*	ionainn	*in us*
ionat	*in you* (uatha)	ionaibh	*in you* (iolra)
ann	*in him, it*	iontu	*in them*
inti	*in her, it*		

Nuair a thagann ainmfhocal éiginnte ina dhiaidh, cuireann i urú ar chonsain agus déantar in de roimh ghutaí, bhur, dhá agus roimh theidil leabhar srl.:

i mbád	*in a boat*
i gcarr	*in a car*
in uisce	*in water*
in bhur seasamh	*standing up* (you iolra)
in dhá áit	*in two places*
in Comhar	*in* Comhar

Táthaítear é leis an alt uatha agus faightear sa roimh chonsain agus san roimh ghutaí agus f a leanann guta é:

sa pháirc	*in the field*	sa nead	*in the nest*
san uisce	*in the water*	san fharraige	*in the sea*

Táthaítear é leis an alt iolra agus faightear sna:

sna tithe	*in the houses*	sna páirceanna	*in the fields*

Táthaítear é leis na haidiachtaí sealbhacha a (*his / its* [fir.], *her / its* [bain.], *their*) agus ár (*our*) agus faightear ina, inár:

ina charr / carr / gcarr	*in his / her / their car*
inár dteach	*in our house*

Táthaítear é leis na míreanna coibhneasta a agus ar agus faightear ina agus inar:

an teach ina gcónaíonn an chlann	*the house in which the family lives*
an teach inar chónaigh an chlann	*the house in which the family lived*

Úsáid:

tá sí ina bainisteoir	*she is a manager*
tá siad ina gcodladh	*they are asleep*

idir *between (partly . . . partly; both . . . and)*

Forainmneacha Réamhfhoclacha

I ngach aon phearsa san uimhir uatha, idir agus an forainm cuí ina dhiaidh:

idir mé	*between me (and...)*	eadrainn	*between us*
idir tú	*between you* (uatha) (*and...*)	eadraibh	*between you* (iolra)
idir é	*between him, it (and...)*	eatarthu	*between them*
idir í	*between her, it (and...)*		

Cuireann sé séimhiú ar thúslitir an ainmfhocail éiginnte a leanann é ach amháin in abairtí áirithe ina bhfaightear agus:

idir dhaoine / pháirceanna / mhná	*between people / fields / women*
idir Ciarraí agus Corcaigh	*between Kerry and Cork*
idir gháire agus ghol	*half laughing, half crying*
idir bheag agus mhór	*both small and big*
idir fhir agus mhná	*both men and women*

Ní théann aon athrú air nuair a leanann an t-alt nó na haidiachtaí sealbhacha é:

idir an bun agus an barr	*between the bottom and the top*
idir na tithe	*between the houses*
idir a bhaile agus an chathair	*between his home and the city*

Go hiondúil, ní úsáidtear na míreanna coibhneasta a agus ar leis an réamhfhocal seo.

Leanann an tuiseal ainmneach idir.

idir an chistin agus an seomra	*between the kitchen and the room*

Úsáid:

idir uaireanta itheacháin	*between eating hours*
idir Gaillimh agus Doire	*between Galway and Derry*
aithint idir pháistí	*to distinguish between children*
roinn eatarthu é	*share it between them*
idir shúgradh is dáiríre	*half in jest, half in earnest*
idir bhuachaillí is chailíní	*both boys and girls*

le *with*

Forainmneacha Réamhfhoclacha

liom	*with me*	linn	*with us*
leat	*with you* (uatha)	libh	*with you* (iolra)
leis	*with him, it*	leo	*with them*
léi	*with her, it*		

Cuireann le h roimh thúsghutaí ar ainmfhocail éiginnte:

le hairgead   *with money*   le himní   *with worry*

Déantar leis de roimh an alt:

leis an bhfear   *with the man*
leis na fir   *with the men*

Táthaítear é leis na haidiachtaí sealbhacha a (*his / its* [fir.], *her / its* [bain.], *their*) agus ár (*our*) agus faightear lena, lenár:

lena aghaidh   *for him*
lena haghaidh   *for her*
lena n-aghaidh   *for them*
lenár málaí   *with our bags*

Táthaítear é leis na míreanna coibhneasta a agus ar agus faightear lena agus lenar:

an tslat **lena** mbuailtear an madra   *the stick with which the dog is beaten*
an tslat **lenar** buaileadh an madra   *the stick with which the dog was beaten*

Úsáid:

tá an chistin le glanadh   *the kitchen has to be cleaned*
tá obair le déanamh   *there is work to be done*
tá sé le himeacht anois   *he is due to leave now*
is liomsa é   *it is mine*
is le Seán an teach   *John owns the house*
cé leis é?   *who owns it?*
an leatsa an carr?   *is the car yours?*
ag canadh leis   *singing away*
ag caoineadh léi   *crying away*

imir leat!	*play away!*
chomh mór le cnoc	*as big as a hill*
chomh bog le him	*as soft as butter*
is fuath liom é	*I hate him / it*
ba bhreá liom sin	*I would love that*
is deas liom é	*I think it is nice*
b'fhearr leis deoch	*he would prefer a drink*
is maith liom	*I like*
tá sé anseo le bliain	*he is here for a year now*
tá sí ar shiúl le tamall	*she is gone a while / for some time*
éist leis!	*listen to him!*
cuidigh liom!	*help me!*
imigh leat!	*go away!*
thaitin sé léi	*she liked him / it*
d'éirigh léi	*she succeeded*
bhuail mé leis	*I met him*
labhair sé liom	*he spoke to me*
cuir leis an scéal!	*add to the story!*
scaoileadh urchar leis	*a shot was fired at him*
abair leis fanacht!	*tell him to wait!*
níor lig mé leis é	*I didn't let him get away with it*
cuir deireadh leis!	*finish it!*
fanfaimid leat	*we'll wait for you*
chuaigh sé le leigheas	*he studied medicine*

Ó *from*

Forainmneacha Réamhfhoclacha

uaim	*from me*	uainn	*from us*
uait	*from you* (uatha)	uaibh	*from you* (iolra)
uaidh	*from him, it*	uathu	*from them*
uaithi	*from her, it*		

Leanann séimhiú ó nuair a thagann ainmfhocal éiginnte ina dhiaidh:

ó thús go deireadh	*from start to finish*
ó dhuine go duine	*from person to person*

Táthaítear é leis an alt uatha agus faightear ón:

ón áit seo	*from this place*
ón mbean	*from the woman*

Táthaítear é leis na haidiachtaí sealbhacha a (*his / its* [fir.], *her / its* [bain.], *their*) agus ár (*our*) agus faightear óna, ónár:

óna athair	*from his father*
óna hathair	*from her father*
óna n-athair	*from their father*
ónár n-athair	*from our father*

Táthaítear é leis na míreanna coibhneasta a agus ar agus faightear óna agus ónar:

an t-athair óna dtógann / ónar thóg sé an nós sin
the father from whom he takes / took that habit

Úsáid:

cad tá (ag teastáil) uait?	*what do you want?*
theastaigh uaidh é sin a dhéanamh	*he wanted to do that*
saor ó cháin	*tax-free*
slán ó chontúirt	*safe from danger*

roimh *before, in front of*

Forainmneacha Réamhfhoclacha

romham	*before me*
romhat	*before you* (uatha)
roimhe	*before him, it*
roimpi	*before her, it*
romhainn	*before us*
romhaibh	*before you* (iolra)
rompu	*before them*

Leanann séimhiú roimh nuair a thagann ainmfhocal éiginnte ina dhiaidh:

roimh dheireadh	*before (the) end*
roimh mhaidin	*before morning*

Ní théann aon athrú air nuair a leanann an t-alt nó na haidiachtaí sealbhacha é:

roimh an teach	*before the house*
roimh na tithe	*before the houses*
roimh a bhricfeasta	*before his breakfast*
roimh a bricfeasta	*before her breakfast*
roimh a mbricfeasta	*before their breakfast*

Go hiondúil, ní úsáidtear na míreanna coibhneasta a agus ar leis an réamhfhocal seo.

Úsáid:

tá eagla orm roimhe	*I am afraid of him*
bhí doicheall ort roimhe	*you resented him*
tá fáilte romhat	*you are welcome*

thar *past, over, across*

Forainmneacha Réamhfhoclacha

tharam	*past me*	tharainn	*past us*
tharat	*past you* (uatha)	tharaibh	*past you* (iolra)
thairis	*past him, it*	tharstu	*past them*
thairsti	*past her, it*		

Leanann séimhiú thar go hiondúil nuair a thagann ainmfhocal éiginnte ina dhiaidh:

thar chnoc	*over a hill*
thar gheata	*past a gate*

Is iondúil nach séimhíonn thar túslitir ainmfhocail a thagann ina dhiaidh nuair is abairtí seasta nó tagairtí ginearálta atá i gceist:

thar bráid	*(passing) by*
thar cionn	*excellent*
thar muir, thar sáile	*across the sea*

Ní théann aon athrú air nuair a leanann an t-alt nó na haidiachtaí sealbhacha é:

thar an teach	*past the house*
thar na tithe	*past the houses*
thar a chaisleán	*past his castle*
thar a caisleán	*past her castle*
thar a gcaisleán	*past their castle*

Go hiondúil, ní úsáidtear na míreanna coibhneasta a agus ar leis an réamhfhocal seo.

Úsáid:

thar na trí scóir	*more than sixty* (lit. *the three scores*)
thar a bheith fial	*very generous*
thar aon duine eile	*above all people*
ní aithním oíche thar lá	*I cannot distinguish night from day*

81

trí *through*

Forainmneacha Réamhfhoclacha

tríom	*through me*	trínn	*through us*
tríot	*through you* (uatha)	tríbh	*through you* (iolra)
tríd	*through him, it*	tríothu	*through them*
tríthi	*through her, it*		

Leanann séimhiú trí nuair a thagann ainmfhocal éiginnte ina dhiaidh:

trí bhalla	*through a wall*
trí dhearmad	*by (a) mistake*

Déantar tríd de roimh an alt uatha:

tríd an bpáirc	*through the field*

Táthaítear é leis na haidiachtaí sealbhacha a (*his / its* [fir.], *her / its* [bain.], *their*) agus ár (*our*) agus faightear trína, trínár:

trína fhaillí	*through his negligence*
trína faillí	*through her negligence*
trínár bhfaillí	*through our negligence*
trína bhfaillí	*through their negligence*

Táthaítear é leis na míreanna coibhneasta a agus ar agus faightear trína agus trínar:

an t-urlár **trína** sileann	*the floor through which the water leaks*
an t-urlár **trínar** shil an t-uisce	*the floor through which the water leaked*

Úsáid:

tháinig mé tríd	*I survived*
trína chéile	*muddled, confused*
trí thaisme	*by accident*
trí Bhéarla	*in English*

82

um *about, at*

Forainmneacha réamhfhoclacha

umam	*about me*	umainn	*about us*
umat	*about you* (uatha)	umaibh	*about you* (iolra)
uime	*about him, it*	umpu	*about them*
uimpi	*about her, it*		

Leanann séimhiú um nuair a thagann ainmfhocal éiginnte ina dhiaidh m. sh. c, d, f, g, s, t:

um Cháisc	*at Easter*
um Nollaig	*at Christmas*
um thráthnóna	*in the evening*

Ní théann aon athrú air nuair a leanann an t-alt nó na haidiachtaí sealbhacha nó míreanna coibhneasta é:

um an teach	*about the house*
um a mheatacht	*about his cowardice*
an fáth um a bhfágfaidh	*the reason why he will leave the house*
an fáth um ar fhág sé an teach	*the reason why he left the house*

Úsáid:

bhuail sí uime	*she met him*
ghabh sé uime	*he got dressed*

2 RÉAMHFHOCAIL CHOMHSHUITE

Is éard atá i gceist le réamhfhocal comhshuite abairt shioctha ina bhfuil réamhfhocal simplí agus ainmfhocal. Is iondúil go leanann an ginideach réamhfhocal comhshuite.

Seo a leanas liosta de na réamhfhocail chomhshuite is minice a úsáidtear:

ar aghaidh	*opposite*
ar chúl	*behind*
ar feadh	*during*
ar fud	*throughout*
ar lorg	*looking for*
ar nós	*like*
ar son	*for the sake of*
ar tí	*about to*
de bharr	*as a result of*
de réir	*according to*
de thairbhe	*because of*
faoi choinne	*for (the purpose of)*
faoi dhéin	*to meet*
go ceann	*to the end of*
i bhfeighil	*in charge of*
i dteannta	*along with*
i gcaitheamh	*during*
i gcoinne	*against*
i lár	*in the middle of*
i láthair	*present at, in the presence of*
i measc	*among*
i ndiaidh	*after*
i rith	*during*
in aghaidh	*against*
in áit	*in place of*
in éadan	*against*
in imeacht	*during*
le cois	*along with*
le haghaidh	*for*
le hais	*beside*
le linn	*during*
os cionn	*above*
os coinne	*opposite, in front of*
os comhair	*opposite*
tar éis	*after*

SAMPLAÍ

ar chúl an tí	*behind the house*
de bharr na hoibre	*as a result of the work*
faoi dhéin an dochtúra	*to fetch the doctor*
i bhfeighil an tí	*minding the house*
i gcaitheamh an lae	*during the day*
in éadan na gaoithe	*against the wind*
i lár na habhann	*in the middle of the river*
i measc na ndaoine	*among the people*
i ndiaidh na cainte	*after the talk*
i rith an lae	*during the day*
le haghaidh na coise tinne	*for the rainy day* **(idiom)**
os cionn an dorais	*above the door*
os coinne na mban	*in front of the women*
os comhair na tine	*in front of the fire*
tar éis na troda	*after the fight*

AIDIACHTAÍ

Is ionann uimhir, inscne agus tuiseal don aidiacht agus don ainmfhocal a cháilíonn sí. Ní gá gurb ionann díochlaonadh don aidiacht agus don ainmfhocal. Go hiondúil, leanann aidiacht ainmfhocal.

Baineann gach aon aidiacht le ceann éigin de thrí dhíochlaonadh.

AN CHÉAD DÍOCHLAONADH

Sa díochlaonadh seo faightear aidiachtaí a chríochnaíonn ar chonsan caol nó leathan ach amháin iad sin a chríochnaíonn ar – (i)úil agus roinnt a chríochnaíonn ar – (a)ir. Is leis an díochlaonadh seo a bhaineas tromlach na n-aidiachtaí.

Uimhir Uatha

GINIDEACH FIRINSCNEACH

Má chríochnaíonn an aidiacht ar chonsan caol, ní athraítear deireadh na haidiachta:

    i rith an lae chiúin   *during the quiet day*

Má chríochnaíonn an aidiacht ar chonsan leathan, caolaítear deireadh na haidiachta.

    hata an fhir mhóir   *the big man's hat*
    bun an phoill dhuibh   *the bottom of the black hole*

Tá roinnt aidiachtaí ann a chríochnaíonn ar chonsan leathan ach nach gcaolaítear a gconsan deiridh m. sh. tromlach na n-aidiachtaí a chríochnaíonn ar chonsan dúbailte (gann, mall, teann) nó -ch(t) (moch, nocht):

    ag caitheamh an airgid ghann   *spending the scarce money*
    ag bualadh an duine nocht   *beating the naked person*

I gcás aidiachtaí a chríochnaíonn ar - (e)ach, déantar - (a)igh den deireadh:

    ag moladh an fhir bhacaigh   *praising the lame man*

GINIDEACH BAININSCNEACH

Má chríochnaíonn an aidiacht ar chonsan caol, cuirtear - e leis:

barr na lainne míne	*the top of the smooth blade*
cleasa na mná glice	*the tricks of the clever woman*

Má chríochnaíonn an aidiacht ar chonsan leathan, caolaítear é agus cuirtear - e leis:

lann na scine géire   *the blade of the sharp knife*

I gcás roinnt aidiachtaí bíonn coimriú i gceist chomh maith leis an gcaolú:

m. sh.	álainn	→	áille
	aoibhinn	→	aoibhne
	domhain	→	doimhne
	ramhar	→	raimhre

uisce na habhann doimhne   *the water of the deep river*

I gcás aidiachtaí a chríochnaíonn ar - (e)ach, déantar - (a)í den deireadh.

i lár na coille uaigní   *in the middle of the lonely wood*

GAIRMEACH

Is ionann deireadh do ghairmeach uatha na haidiachta agus don ainmneach uatha ach amháin i gcás na n-aidiachtaí sin a bhfuil ginideach firinscneach uatha ar leith acu. Sna cásanna sin, is iondúil gurb ionann foirm don ghairmeach firinscneach uatha agus don ghinideach firinscneach uatha:

a bhean mhaith!	*(my) good woman!*
a bhithiúnaigh bhréagaigh!	*(you) lying rogue!*
a fhir bhig!	*(you) small man!*

Uimhir Iolra

Na haidiachtaí sin a chríochnaíonn ar chonsan leathan, cuirtear - a leo san iolra:

na fir mhóra *the big men*

Na haidiachtaí sin a chríochnaíonn ar chonsan caol, cuirtear - e leo san iolra:

na cait chiúine *the quiet cats*

I gcás roinnt aidiachtaí bíonn coimriú i gceist chomh maith leis an gcaolú / leathnú:

álainn	→	áille
aoibhinn	→	aoibhne
domhain	→	doimhne
ramhar	→	ramhra

na daoine ramhra *the fat people*

Aidiachtaí + Ainmfhocail Fhirinscneacha

	Uatha	Iolra
ainm. / cusp.	an múinteoir mór	na múinteoirí móra
gin.	teach an mhúinteora mhóir	tithe na múinteoirí móra
tabh.	leis an múinteoir mór	leis na múinteoirí móra
gairm.	a mhúinteoir mhóir!	a mhúinteoirí móra!
ainm. / cusp.	an gadaí glic	na gadaithe glice
gin.	cóta an ghadaí ghlic	cótaí na ngadaithe glice
tabh.	ar an ngadaí glic	ar na gadaithe glice
gairm.	a ghadaí ghlic!	a ghadaithe glice!
ainm. / cusp.	an fear bratógach	na fir bhratógacha
gin.	hata an fhir bhratógaigh	hataí na bhfear bratógach
tabh.	don fhear bratógach	do na fir bhratógacha
gairm.	a fhir bhratógaigh!	a fheara bratógacha!

Aidiachtaí + Ainmfhocail Bhaininscneacha

	Uatha	Iolra
ainm. / cusp.	an mháthair mhór	na máithreacha móra
gin.	teach na máthar móire	tithe na máithreacha móra
tabh.	leis an máthair mhór	leis na máithreacha móra
gairm.	a mháthair mhór!	a mháithreacha móra!

ainm. / cusp.	an bhean ghlic	na mná glice
gin.	cóta na mná glice	cótaí na mban glic
tabh.	ar an mbean ghlic	ar na mná glice
gairm.	a bhean ghlic!	a mhná glice!

ainm. / cusp.	an bhaintreach bhratógach	na baintreacha bratógacha
gin.	bia na baintrí bratógaí	bia na mbaintreach bratógach
tabh.	don bhaintreach bhratógach	do na baintreacha bratógacha
gairm.	a bhaintreach bhratógach!	a bhaintreacha bratógacha!

Aidiachtaí Coitianta as an gCéad Díochlaonadh

GNÁTHAIDIACHTAÍ

álainn, aoibhinn, amh, ard, bán, beag, binn, bocht, bodhar, bog, borb, caoch, caol, ciallmhar, ciúin, corr, daingean, dall, dearg, deas, dílis, domhain, donn, dubh, féarmhar, fiáin, fionn, fliuch, folamh, fuar, gann, gaofar, garbh, gearr, glas, glic, gorm, greannmhar, íseal, láidir, léanmhar, leathan, liath, maith, mall, marbh, milis, mín, moch, mór, nocht, olc, ramhar, réidh, saibhir, searbh, séimh, sleamhain, teann, tearc, tinn, toll, tur, uasal, úr

AIDIACHTAÍ A CHRÍOCHNAÍONN AR - (e)ach / - íoch

achrannach, aerach, aisteach, amaideach, amhrasach, bacach, ballach, baolach, biorach, bratógach, bréagach, briotach, brocach, broghach, bunúsach, cabhrach, caifeach, carthanach, cearnach, ceathach, ceimiceach, ciontach, cleasach, clúiteach, codlatach, coinníollach, colgach, cúramach, dátheangach, déanach, deaslámhach, deisbhéalach, déistineach, díreach, dleathach, dlisteanach, dochrach, dóchasach, eachtrach, eacnamaíoch, éadóchasach, éigeantach, eolach, eolaíoch, fadálach, fadsaolach, faillíoch, fáilteach, faiteach, fealltach, feargach, feasach, feiliúnach, fiosrach, fírinneach, fóirsteanach, gaothach, garach, gníomhach, íochtarach, iontach, leadránach, lochtach, marfach, mealltach, náireach, nimhneach, ocrach, piseogach, práinneach, réasúnach, salach, scifleogach, seasmhach, sinsearach, stadach, suarach, tábhachtach, tairbheach, tostach, uaigneach

AN DARA DÍOCHLAONADH

Sa díochlaonadh seo faightear aidiachtaí a chríochnaíonn ar - (i)úil agus roinnt a chríochnaíonn ar - (a)ir.

Ginideach Uatha

Ní athraítear deireadh na haidiachta sa ghinideach uatha firinscneach. Sa ghinideach uatha baininscneach, leathnaítear consan deiridh na haidiachta agus cuirtear - a leis.

Iolra

Leathnaítear consan deiridh na haidiachta agus cuirtear - a leis. Is ionann an deireadh seo agus an deireadh sa ghinideach uatha baininscneach.

Aidiachtaí + Ainmfhocail Fhirinscneacha

	Uatha	Iolra
ainm. / cusp.	an buachaill éirimiúil	na buachaillí éirimiúla
gin.	obair an bhuachalla éirimiúil	obair na mbuachaillí éirimiúla
tabh.	faoin mbuachaill éirimiúil	faoi na buachaillí éirimiúla
gairm.	a bhuachaill éirimiúil!	a bhuachaillí éirimiúla!

ainm. / cusp.	an duine cóir	na daoine córa
gin.	mac an duine chóir	mic na ndaoine córa
tabh.	ón duine cóir	ó na daoine córa
gairm.	a dhuine chóir!	a dhaoine córa!

Aidiachtaí + Ainmfhocail Bhaininscneacha

	Uatha	Iolra
ainm. / cusp.	an bhanríon cháiliúil	na banríonacha cáiliúla
gin.	áras na banríona cáiliúla	árais na mbanríonacha cáiliúla
tabh.	leis an mbanríon cháiliúil	leis na banríonacha cáiliúla
gairm.	a bhanríon cháiliúil!	a bhanríonacha cáiliúla!

ainm. / cusp.	an aintín chóir	na haintíní córa
gin.	teach na haintín córa	teach na n-aintíní córa
tabh.	roimh an aintín chóir	roimh na haintíní córa
gairm.	a aintín chóir!	a aintíní córa!

Aidiachtaí Coitianta as an Dara Díochlaonadh

AIDIACHTAÍ A CHRÍOCHNAÍONN AR - (i)úil:

acadúil, áisiúil, áitiúil, báúil, bliantúil, bródúil, bunreachtúil, cáiliúil, ceanúil, coiriúil, comharsanúil, compordúil, croíúil, dathúil, deisiúil, dlíthiúil, dóighiúil, éagsúil, éirimiúil, féiltiúil, flaithiúil, fuinniúil, geanúil, gnaíúil, inniúil, laethúil, leisciúil, measúil, meisciúil, misniúil, postúil, spéisiúil, suimiúil, tráthúil

AIDIACHTAÍ A CHRÍOCHNAÍONN AR - (a)ir:

cóir, deacair, socair

AN TRÍÚ DÍOCHLAONADH

Sa díochlaonadh seo faightear aidiachtaí a chríochnaíonn ar ghuta.

Ní théann aon athrú ar dheireadh aidiachta sa díochlaonadh seo ach amháin i gcás:

(a) breá ➜ breátha sa ghinideach uatha baininscneach agus san iolra

agus

(b) te ➜ teo san iolra.

Aidiachtaí + Ainmfhocail Fhirinscneacha

	Uatha	Iolra
ainm. / cusp.	an cléireach dána	na cléirigh dhána
gin.	peann an chléirigh dhána	pinn na gcléireach dána
tabh.	don chléireach dána	do na cléirigh dhána
gairm.	a chléirigh dhána!	a chléireacha dána!

Aidiachtaí + Ainmfhocail Bhaininscneacha

ainm. / cusp.	an iníon fhalsa	na hiníonacha falsa
gin.	éadaí na hiníne falsa	éadaí na n-iníonacha falsa
tabh.	ón iníon fhalsa	ó na hiníonacha falsa
gairm.	a iníon fhalsa!	a iníonacha falsa!

Aidiachtaí Coitianta as an Tríú Díochlaonadh

ábalta, aclaí, aibí, aosta, blasta, bómánta, breá, buí, calma, ceanndána, céillí, cineálta, cinnte, cneasta, corcra, cróga, crosta, cuí, cumhra, dána, dearfa, diaga, diaganta, ealaíonta, éiginnte, fada, faiseanta, falsa, fiata, fileata, foirfe, gasta, ginearálta, gonta, gránna, graosta, iargúlta, leanbaí, líofa, meata, mírialta, morálta, múinte, néata, rialta, sásta, sona, sothuigthe, spadánta, tapa, te, teasaí, teibí, teolaí, teoranta, tintrí, tíoránta, uaine

TUISEAL GINIDEACH UIMHIR IOLRA
– NA DÍOCHLAONTAÍ UILE

Mar a tharlaíonn i gcás ghinideach iolra an ainmfhocail, uaireanta sa tuiseal ginideach uimhir iolra baintear úsáid as an bhfoirm sin den aidiacht a úsáidtear leis an tuiseal ainmneach uimhir uatha, uaireanta eile, as an bhfoirm a úsáidtear leis an tuiseal ainmneach uimhir iolra. Ós ionann uimhir, inscne agus tuiseal don aidiacht agus don aidiacht a cháilíonn sí, is ionann mar a chaitear leis an ainmfhocal agus leis an aidiacht sa chomhthéacs seo freisin.

Má úsáidtear an fhoirm uatha ainmneach i gcás an ainmfhocail, úsáidtear an fhoirm uatha ainmneach i gcás na haidiachta freisin; má úsáidtear an fhoirm iolra ainmneach i gcás an ainmfhocail, úsáidtear an fhoirm iolra ainmneach i gcás na haidiachta freisin:

ainm. uatha	ainm. iolra	gin. iolra
an t-asal mór	na hasail mhóra	na n-asal mór
an bhróg dhubh	na bróga dubha	na mbróg dubh
an duine maith	na daoine maithe	na ndaoine maithe
an madra ciúin	na madraí ciúine	na madraí ciúine
an bhean fhionn	na mná fionna	na mban fionn

Ní shéimhítear túslitir aidiachta sa ghinideach iolra riamh.

SÉIMHIÚ AR THÚSLITIR AIDIACHTA

1 Séimhítear túschonsan aidiachta nuair atá an t-ainmfhocal a cháilíonn
sí agus a dtagann sí go díreach ina dhiaidh:

(a) baininscneach, uatha agus sa tuiseal ainmn. / cusp., tabh. agus gairm.:

an bhean mhaith (ainm. / cusp.)   ar an mbean mhaith (tabh.)
don bhean mhaith (tabh.)   a bhean mhaith! (gairm.)

(b) firinscneach, uatha agus sa tuiseal gin. agus gairm.:

hata an fhir mhóir (gin.)   a fhir mhóir! (gairm.)

NÓTA: is iondúil i gCúige Uladh ach go háirithe go séimhítear túschonsan na
haidiachta sa tabh. uatha, bíodh an t-ainmfhocal fir. nó bain. m. sh. ar an
fhear mhór, ar an bhean mhór, ón iascaire bheag, ón bhó bheag.

(c) san iolra agus go gcríochnaíonn sé ar chonsan caol:

cinn bheaga (ainm. / cusp.)   ar na hasail dhubha (tabh.)

Achoimre ar (a), (b) agus (c)

	Uatha		Iolra	
Tuiseal	Fir.	Bain.		
ainm./cusp.	-	S	S	nuair a
gin.	S	-	S	chríochnaíonn
tabh.	-	S	S	ainmfhocal ar
gairm.	S	S	S	chonsan caol

NÓTA: S = séimhiú ar thúschonsan aidiachta.

(d) ag teacht tar éis d(h)á:

dhá chapall dhonna   an dá shiopa ghnóthacha

(e) san uatha agus ag teacht tar éis na mbunuimhreacha ó 3 go dtí 10:

ceithre chat dhubha   seacht mbord ghlana

(f) ag teacht tar éis beirt:

beirt bheaga   an bheirt mhóra

(g) ag teacht tar éis beirt ainmfhocal:

an bheirt fhear mhóra   teach na beirte fear mhóra

2 Séimhítear túschonsan na haidiachta tar éis fhoirmeacha uile na copaile san aimsir chaite agus sa mhodh coinníollach (.i. ba, ar, gur, níor, nár srl.):

ba dheas an lá é   dúirt sé gur bhreá leis imeacht
ar mhaith leat tae?   nár dheas an smaoineamh é?
níor mhór an cúnamh é

3 Séimhítear túschonsan na haidiachta san abairt áirithe seo a leanas idir + aid. + agus + aid. sa chiall *both*:

idir bheag agus mhór   *both big and small*
idir shean agus óg   *both old and young*

AIDIACHTAÍ SEALBHACHA

mo	*my*
do	*your* (uatha)
a	*his, its* (fir.)

Séimhíonn mo (m' roimh ghuta nó f + guta), do (d' roimh ghuta nó f + guta) agus a:

mo bhád	*my boat*	d'éadan	*your forehead*
m'aghaidh	*my face*	a charr	*his car*
do chapall	*your horse*	a úll	*his apple*

a - *her, its* (bain.)

Cuireann a (*her, its*) h roimh ghutaí:

a teach	*her house*	a hathair	*her father*

ár	*our*
bhur	*your* (iolra)
a	*their*

Uraíonn ár, bhur agus a (*their*):

ár n-athair	*our father*
ár dteach	*our house*
bhur n-ainmneacha	*your* (iolra) *names*
bhur gcuid airgid	*your* (iolra) *money*
a bhfoireann	*their team*
a n-aintín	*their aunt*

RÉAMHFHOCAIL AGUS AIDIACHTAÍ SEALBHACHA

Ní athraítear na réamhfhocail shimplí sin a chríochnaíonn ar chonsan (m. sh. ag, ar, as, chuig, roimh, thar) nuair a leanann aidiachtaí sealbhacha iad.

ag m'athair	*at my father*	chuig a seomra	*to her room*
ar do shrón	*on your* (uatha) *nose*	roimh ár mbricfeasta	*before our breakfast*
as a theach	*out of his house*	thar bhur ngeata	*past your* (iol.) *gate*

Nasctar le chéile na réamhfhocail shimplí seo a leanas a chríochnaíonn ar ghuta m. sh. faoi, i, le, ó, trí agus na haidiachtaí sealbhacha 3 u. / iol. agus 1 iol. (a / ár) mar seo a leanas:

	3 uatha / iolra	1 iolra
faoi	faoina	faoinár
i	ina	inár
le	lena	lenár
ó	óna	ónár
trí	trína	trínár

NÓTA: déantar in den réamhfhocal simplí i roimh bhur (2 iolra aidiacht shealbhach).

I gcás na réamhfhocal simplí de agus do seo a leanas an rud a tharlaíonn:

	3 uatha / iolra	1 iolra
de, do	dá	dár

faoina chathaoir	*under his chair*
ina haghaidh	*in her face*
lena gcabhair	*with their help*
ónár gcairde	*from our friends*
trína chroí	*through his heart*
dá hainneoin	*in spite of her*
dá gclann	*to their family*

ÓCÁIDÍ AR A NÚSÁIDTEAR AIDIACHTAÍ SEALBHACHA

Uaireanta baintear úsáid as foirm sheargtha den aidiacht shealbhach a (3 uatha fir.) in abairtí ar leith:

a chéile   *each other*   a lán   *a lot, much*   a thuilleadh   *more*

ní fhaca siad a chéile le fada
bhí a lán daoine i láthair
níl siad ann a thuilleadh

they had not seen each other for a long time
many people were present
they are not there any more

CÉIMEANNA COMPARÁIDE NA hAIDIACHTA

Go hiondúil, is ionann foirm do bhreischéim agus do shárchéim na haidiachta agus don ghinideach uatha baininscneach.

Cuirtear níos (ní ba + séimhiú san aimsir chaite agus sa mhodh coinníollach, ní b' + séimhiú roimh ghuta nó f + guta) roimh fhoirmeacha breischéime, is (ba + séimhiú san aimsir chaite agus sa mhodh coinníollach, ab + séimhiú roimh ghuta nó f + guta) roimh fhoirmeacha sárchéime.

Foirmeacha san aimsir láithreach / fháistineach:

deimhneach	breischéim	sárchéim
gorm	níos goirme	is goirme
glic	níos glice	is glice
álainn	níos áille	is áille
fairsing	níos fairsinge	is fairsinge
bacach	níos bacaí	is bacaí
uaigneach	níos uaigní	is uaigní
cáiliúil	níos cáiliúla	is cáiliúla
dathúil	níos dathúla	is dathúla
cóir	níos córa	is córa
dána	níos dána	is dána
breá	níos breátha	is breátha

Foirmeacha san aimsir chaite / mhodh coinníollach:

deimhneach	breischéim	sárchéim
gorm	ní ba ghoirme	ba ghoirme
glic	ní ba ghlice	ba ghlice
álainn	ní b'áille	ab áille
fairsing	ní b'fhairsinge	ab fhairsinge

Tá roinnt foirmeacha mírialta ann agus seo a leanas na cinn is coitianta acu:

deimhneach	breischéim	sárchéim
beag	níos **lú**	is **lú**
fada	níos **faide**	is **faide**
furasta	níos **fusa**	is **fusa**
gearr	níos **giorra**	is **giorra**
maith	níos **fearr**	is **fearr**
mór	níos **mó**	is **mó**
olc	níos **measa**	is **measa**
te	níos **teo**	is **teo**

DOBHRIATHRA

An bealach is simplí chun dobhriathar a dhéanamh as aidiacht ná go a chur roimpi:

duine **feargach**	*an angry person*
go **feargach**	*angrily*
bean **mhaith**	*a good woman*
tá mé go **maith**	*I am fine*
gasúr **ciúin**	*a quiet boy*
go **ciúin**	*quietly*

Uaireanta fágtar go ar lár:

dhá mhíle **glan**	*two miles exactly*
díreach in am	*just in time*
labhair **measartha ard!**	*speak reasonably loud!*

AM

amárach	*tomorrow*
feasta	*from now on*
anois	*now*
fós	*yet, still*
anuraidh	*last year*
go fóill	*yet, still*
aréir	*last night*
i mbliana	*this year*
arís	*again*
inniu	*today*
ar maidin	*in the morning*
inné	*yesterday*
anocht	*tonight*
láithreach	*immediately*
fadó	*long ago*
riamh	*(n)ever*

TREONNA

| isteach | istigh | | | amach | amuigh |

amach	*out(wards)*	gluaiseacht	téann sé amach	*he goes out*
amuigh	*out(side)*	suíomh	tá sé amuigh	*he is outside*
isteach	*in(wards)*	gluaiseacht	tagann sí isteach	*she comes in*
istigh	*in(side)*	suíomh	tá sí istigh	*she is inside*

anonn / sall

abhus   thall

anall

anonn / sall	*over*	gluaiseacht	téann sé anonn / sall	*he goes over*
thall	*over*	suíomh	tá sé thall	*he is over*
anall	*back*	gluaiseacht	tagann sé anall	*he comes back*
abhus	*here*	suíomh	tá sé abhus	*he is here*

thuas

anuas   suas

aníos   síos

thíos

suas	*up(wards)*		gluaiseacht
thuas	*up*		suíomh
anuas	*down(wards)*	*(from above)*	gluaiseacht
síos	*down(wards)*		gluaiseacht
thíos	*down*		suíomh
aníos	*up(wards)*	*(from below)*	gluaiseacht

rith **suas** an staighre!	*run up the stairs!*
tá sí **thuas** san áiléar	*she is up in the attic*
thit úll **anuas** ó chrann	*an apple fell down off a tree*
síos go hIfreann leat!	*down to Hell with you!*
fan **thíos** ar íochtar!	*stay down below!*
tar **aníos** as an tobar!	*come up out of the well!*

103

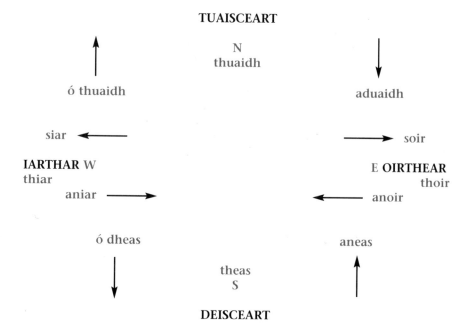

TUAISCEART

N
thuaidh

ó thuaidh

aduaidh

siar ←

→ soir

IARTHAR W
thiar

E OIRTHEAR
thoir

aniar →

← anoir

ó dheas

aneas

theas
S

DEISCEART

Samplaí:

rachaimid **soir** ó Ghaillimh go Baile Átha Cliath inniu agus tiocfaimid **anoir** arís amárach
we will go east(wards) from Galway to Dublin today and we will return (lit. come from the east again) tomorrow

rachaimid **ó thuaidh** ó Ghaillimh go Sligeach inniu agus tiocfaimid **aduaidh** arís amárach
we will go north(wards) from Galway to Sligo today and we will return (lit. come from the north again) tomorrow

rachaimid **siar** ó Bhaile Átha Cliath go Gaillimh inniu agus tiocfaimid **aniar** arís amárach
we will go west(wards) from Dublin to Galway today and we will return (lit. come from the west again) tomorrow

rachaimid **ó dheas** ó Shligeach go Corcaigh inniu agus tiocfaimid **aneas** arís amárach
we will go south(wards) from Sligo to Cork today and we will return (lit. come from the south again) tomorrow

IARMHÍREANNA TREISE
[Emphatic Suffixes]

Nasctar **iarmhíreanna treise** le deirí ainmfhocal agus aidiachtaí (a dtagann aidiachtaí sealbhacha rompu), forainmneacha réamhfhoclacha agus foirmeacha táite briathra.

Seo a leanas foirmeacha éagsúla na n-iarmhíreanna treise:

1 uatha	- sa / - se	1 iolra	- na / - ne (i gcás briathair / aidiachta / ainmfhocail)
2 uatha	- sa / - se		- e (i gcás 1 iolra, forainm réamhfhoclach + sinn)
3 uatha fir.	- san / - sean	2 iolra	- sa / - se
3 uatha bain.	- sa / - se	3 iolra	- san / - sean

Leanann na hiarmhíreanna **leathana** (- sa / - san / - na) consain nó gutaí deiridh atá leathan.

Leanann na hiarmhíreanna **caola** (- se / - sean / - ne / - e) consain nó gutaí deiridh atá caol.

Samplaí:

mo cheann**sa**	mo chistin**se**	mo chos-**sa**
do cheann**sa**	do chistin**se**	do chos-**sa**
a cheann**san**	a chistin**sean**	a chos-**san**
a ceann**sa**	a cistin**se**	a cos-**sa**
ár gcinn-**ne**	ár gcistin-**ne**	ár gcos**ana**
bhur gcinn**se**	bhur gcistin**se**	bhur gcos**asa**
a gcinn**sean**	a gcistin**sean**	a gcos**asan**

Tuilleadh Samplaí:

mo theach**sa**	mo chairde**se**
a athair mór**san**	a bpáistí ciúine**sean**
dúramar**na** é	rachaimid**ne** amach
is linn**e** é	sinn**e** a bhí ann

NÓTA: úsáidtear **fleiscín** roimh na hiarmhíreanna seo nuair is ionann consan do chríoch an fhocail a thagann roimhe agus do thús na hiarmhíre.

mo chás-**sa**	ár n-oileán-**na**	a cúis-**se**

FORAINMNEACHA

— MAR CHUSPÓIR DÍREACH AG AINM BRIATHARTHA

Ní féidir úsáid a bhaint as forainm mar chuspóir díreach ag ainm briathartha m. sh. ag déanamh é / *doing it*, ag moladh mé / *praising me*, ag bualadh iad / *beating them*. Ina ionad sin baintear úsáid as bealach eile:

.i. réamhfhocal *do / ag + aidiacht shealbhach chuí + ainm briathartha

*NÓTA: is féidir úsáid a bhaint as ag nó do ach amháin i gcás an 3 uatha / iolra.

Seo a leanas mar a dhéantar é:

*do / ag mo mholadh	*praising me*
*do / ag do mholadh	*praising you* (uatha)
á mholadh	*praising him, it*
á moladh	*praising her, it*
dár / ag ár moladh	*praising us*
do / ag bhur moladh	*praising you* (iolra)
á moladh	*praising them*

*NÓTA: do m' / do d' roimh ainm briathartha a thosaíonn le guta nó f + guta:

do m'agairt	*imploring me*

FORAINM - EA

Is forainm neodrach, 3 uatha, é ea nach n-úsáidtear ach amháin leis an gcopail.

NÓTA: ní hionann ea agus forainm neodrach an Bhéarla *it*; aistrítear é sin le forainm firinscneach nó baininscneach sa Ghaeilge.

Úsáid

Is minic a úsáidtear é le treise a chur in iúl i bhfoirmle den saghas seo a leanas:
an fhaisnéis (ar a bhfuil béim á cur) + an chopail (san aimsir chuí) + ea + ainmní (ainmfhocal, forainm nó eile):

múinteoir is ea é	*he is a teacher*
falsóirí is ea na Gaeil	*the Irish are lazy*
thall i Sasana is ea atá sé	*over in England is where he is*

Úsáidtear é chun freagra diúltach nó deimhneach a chur in iúl.

an doras é sin?	*is that a door?*
*is ea / ní hea	*yes / no*
an fuinneog í sin?	*is that a window?*
is ea / ní hea	*yes / no*
an amadán é Seán?	*is John a fool?*
is ea / ní hea	*yes / no*
an leabhar maith é?	*is it a good book?*
is ea / ní hea	*yes / no*

*NÓTA: is minic a ghiorraítear is ea go sea sa chaint.

FORAINMNEACHA AINMNEACHA

Úsáidtear na forainmneacha seo a leanas nuair atá siad ina n-ainmnithe ag briathra.

mé	*I*
tú	*you* (uatha)
sé	*he, it* (fir.)
sí	*she, it* (bain.)
muid / sinn	*we*
sibh	*you* (iolra)
siad	*they*

NÓTA: freagraíonn forainmneacha firinscneacha agus baininscneacha na Gaeilge d'fhorainm neodrach an Bhéarla *it*. Ní úsáidtear forainmneacha ainmneacha le foirmeacha táite na mbriathra.

chuala mé an glór	is mé a tháinig isteach
rinne tú é	is tú an t-amadán
déanann sé an obair	níor ith sé an bia
d'ól sí an deoch	ní imeoidh sí anois

NÓTA: is féidir iad sin uilig a úsáid leis an gcopail ach amháin sé, sí agus siad.

FORAINMNEACHA CUSPÓIREACHA

Úsáidtear na forainmneacha seo a leanas nuair atá siad ina gcuspóirí ag briathra.

mé	*I, me*
thú	*you* (uatha)
é	*he, him, it* (fir.)
í	*she, her, it* (bain.)
muid / sinn	*we, us*
sibh	*you* (iolra)
iad	*they, them*

chuala sé mé	is mé a rinne é
chonaic mé thú	aithním thú
fuair mé é	is é a bhí ann
phóg mé í	is í atá ag teacht

NÓTA: úsáidtear na forainmneacha thuas leis an gcopail ach amháin thú.

108

FORAINMNEACHA AINMNEACHA - FOIRMEACHA TREISE

mise	*I*
tusa	*you* (uatha)
seisean	*he, it* (fir.)
sise	*she, it* (bain.)
muidne / sinne	*we*
sibhse	*you* (iolra)
siadsan	*they*

chuala **mise** é	is **mise** a tháinig isteach
rinne **tusa** sin	is **sibhse** na hamadáin
déanann **seisean** é	níor ith **siadsan** an bia
d'ól **sise** a deoch féin	ní **muidne** a rinne é

NÓTA: úsáidtear na forainmneacha thuas leis an gcopail ach amháin seisean, sise agus siadsan.

FORAINMNEACHA CUSPÓIREACHA - FOIRMEACHA TREISE

mise	*I, me*
thusa	*you* (uatha)
eisean	*he, him, it* (fir.)
ise	*she, her, it* (bain.)
muidne / sinne	*we, us*
sibhse	*you* (iolra)
iadsan	*they, them*

chuala sé **mise**	is **muidne** a rinne é
chonaic mé **thusa**	aithním **thusa**
bhuail mé **eisean**	is **iadsan** a bhí ann
ise a dúirt é	ní **eisean** a rinne é
gabh **thusa** amach!	luigh **thusa** síos!

NÓTA: úsáidtear na forainmneacha thuas leis an gcopail ach amháin thusa. Úsáidtear thusa freisin in ionad iarmhíre treise le briathar sa mhodh ordaitheach.

FOCAIL THAISPEÁNTACHA

seo	*this* (iolra *these*)
sin	*that* (iolra *those*)
siúd / úd	*that, yon(der)* (iolra *those, yon(der)*)

Úsáidtear iad seo mar chuspóir díreach ag briathar **aistreach** (*transitive*) (ní ag ainm briathartha):

déan **sin** anois!	*do that now!*
ith **seo** láithreach!	*eat this immediately!*
ná creid **siúd**!	*don't believe that!*

Nóta: chun forainm taispeántach a dhéanamh ina chuspóir díreach ag ainm briathartha (m. sh. *doing this, saying that, praising those*), úsáidtear á (athrú ar an túslitir mar is cuí tar éis na n-aidiachtaí sealbhacha éagsúla) + ainm briath. + forainm taispeántach:

á dhéanamh **seo**	*doing this* (uatha, fir.)
á moladh **sin**	*praising that* (uatha, bain.)
á gcáineadh **siúd**	*finding fault with those*

Úsáidtear iad ag tús abairte agus an chopail intuigthe chun béim a chur ar rud éigin nó aird a dhíriú ar rud / dhuine éigin:

seo (í) mo mháthair	*this is my mother*
sin deireadh anois	*that is all now*
seo (é) do sheans	*this is your chance*
siúd (í) an fhírinne	*that is the truth*

Úsáidtear iad go coitianta ar lorg an ailt agus ainmfhocail:

an fear **seo**	*this man*
an bhean **sin**	*that woman*
ón duine **úd***	*from yonder person*
na fir **seo**	*these men*
na mná **sin**	*those women*
na daoine **úd***	*yonder people*

Nóta: úsáidtear úd in ionad siúd sa chás seo.

Úsáidtear iad ar lorg na bhforainmneacha réamhfhoclacha 3 uatha / iolra:

thairis seo	*past this*
ag caint **fúithi sin**	*talking about that person* (bain.)
tabhair **dóibh siúd** é!	*give it to them!*
roimhe seo	*before this*
leis sin	*with that, thereupon*
ag díriú **orthu siúd**	*focusing on those*
tá brón orm **faoi sin**	*I am sorry about that*

Úsáidtear iad ar lorg na bhforainmneacha ainmneacha agus cuspóireacha 3 uatha / iolra (s)é, (s)í, (s)iad:

tá **sé seo** réidh	*this is ready*
chonaic mé **é sin**	*I saw that* (*one*) (fir.)
an bhfuil **sí sin** tinn?	*is she* (béim) / *that one* (bain.) *sick?*
an bhfaca tú **í sin**?	*did you see her* (béim) / *that one?* (bain.)
cá bhfuil **siad siúd**?	*where are they* (béim) / *those?*
iad siúd, an ea?	*do you mean them* (béim) / *those ones?*

Úsáidtear iad ar lorg na míreanna ceisteacha cé / cad a dtagann na forainmneacha cuspóireacha 3 uatha / iolra go díreach ar a lorg:

cé **hí seo**?	*who is this?* (bain.)
cad **é seo**?	*what is this?*
cé **hiad sin**?	*who are they?*

Úsáidtear seo go coitianta ar an gcaoi seo a leanas:

seo dhuit	*here you are* (uatha)
seo dhaoibh	*here you are* (iolra)

NÓTA: séimhítear túschonsan sin san abairt ó shin = *ago:*

fada ó shin	*long ago*
seachtain ó shin	*a week ago*

h ROIMH GHUTAÍ

AINMFHOCAIL

Cuirtear h roimh thúsghutaí ainmfhocal tar éis:

1 fhoirmeacha an ailt na:

(a) sa ghinideach uatha baininscneach:

trasna na habhann	*across the river*
ag déanamh na hoibre	*doing the work*

(b) sa(n) ainmneach / chuspóireach / tabharthach iolra:

tá na héin ina gcodladh	*the birds are sleeping*
mharaigh mé na héisc	*I killed the fish*
amuigh ar na hoileáin	*out on the islands*

2 na réamhfhocal simplí go agus le:

ó áit go háit	*from place to place*
le hór agus le hairgead	*with gold and silver*

3 na haidiachta sealbhaí, 3 uatha baininscneach a:

a hathair	*her father*
a hiníon	*her daughter*

4 Dé i gcás na hAoine:

Dé hAoine	*on Friday*

5 fhoirm dhiúltach na copaile ní i gcásanna áirithe:

ní hionadh	*it is no wonder*

6 Ó i sloinnte:

Seán Ó hUiginn	*John Higgins*

7 na míre ceistí cá:

cá háit   *where?* cá huair? *when?*

NÓTA: ní féidir cá a úsáid ach le roinnt de na hainmfhocail.

8 na n-orduimhreacha ach amháin c(h)éad:

| an dara háit | *the second place* |
| an tríú hasal | *the third donkey* |

9 na mbunuimhreacha ó 3 go dtí 6 nuair a bhaintear úsáid as an bhfoirm iolra den ainmfhocal:

trí huain	*three lambs*
ceithre huaire	*four times*
cúig háiteanna	*five places*

AIDIACHTAÍ, UIMHREACHA, FORAINMNEACHA

Cuirtear h roimh thúsghuta(í)

1 aidiachtaí tar éis cá, chomh, le, go:

cá hard é?	*how high is it?*
chomh hálainn leo!	*how beautiful they are!*
le haon chuidiú	*with any help*
go hard sa spéir	*high in the sky*

2 na mbunuimhreacha aon agus ocht tar éis na míre a agus an ailt na (ach amháin sa ghinideach iolra):

a haon a chlog	*one o' clock*
a hocht nó a naoi	*eight or nine*
na hocht n-asal	*the eight donkeys*
sneachta na haon oíche	*the one night snow*

3 aon tar éis ní:

ní haon iontaoibh é	*he is not to be trusted*
ní haon ghaisce é	*it is no great achievement*
ní haon dóithín é	*it is no joke*

4 na bhforainmneacha é, í, iad, ea*, tar éis cé, ní, le:

cé hé / hí / hiad?	*who is he / she / are they?*
ní hé / hí / hiad / hea*	*not he / her / them, no*
le hé / hí / hiad a mharú	*to kill him / her / them*

*i gcás ní amháin

5 in abairtí ar nós:

ní hansa	*it is not difficult*
ní hamháin	*not only*
ní hionann	*is not the same*
ní hamhlaidh	*not so*

6 briathra sa mhodh ordaitheach ar lorg na míre diúltaí ná:

ná hól é sin!	*don't drink that!*
ná hith an t-arán!	*don't eat the bread!*

t ROIMH GHUTAÍ AGUS s

1   Ar lorg an ailt an san ainmneach / sa chuspóireach uatha, cuirtear t- (+ fleiscín ach amháin roimh cheannlitir) roimh:

(a) thúsghutaí ainmfhocal firinscneach:

feicim an t-asal	*I see the donkey*
tá an t-ór sa mhála	*the gold is in the bag*
ith an t-im!	*eat the butter!*
tá an tAifreann thart	*the mass is over*

(b) thúsghutaí i gcás aon, aonú, *ocht, ochtó, ochtódú, ochtú:

an t-aon lá / bhean (amháin)	*the one day / woman*
an t-aonú fear / háit	*the first man / place*
an t-ochtó fear / bean	*the eighty men / women*
an t-ochtódú fear / háit	*the eightieth man / place*
an t-ochtú fear / háit	*the eighth man / place*
cuir isteach an *t-ocht!	*put in the eight*

* i gcásanna speisialta amháin

2   Tar éis an ailt uatha an, cuirtear t (gan fleiscín) roimh na túslitreacha s + guta agus sl, sn, sr + guta:

(a) san ainmneach / sa chuspóireach agus sa tabharthach uatha i gcás ainmfhocal baininscneach:

an tsúil seo	*this eye*
uair sa tseachtain	*once a week*
ar an tsráid	*on the street*

(b) sa ghinideach uatha i gcás ainmfhocal firinscneach:

teach an tsagairt	*the priest's house*
doras an tsiopa	*the shop door*

(c) sa ghinideach i gcás séú, seachtú:

airgead an tséú fear / an tséú fir	*the sixth man's money*
i rith an tseachtú mí	*during the seventh month*

(d) sa ghinideach i gcás seisear, seachtar:

airgead an tseisear ban	*the six women's money*
obair an tseachtar múinteoirí	*the seven teachers' work*

AN BRIATHAR

Is iad na haimsirí atá le fáil sa Ghaeilge: an aimsir láithreach, an aimsir ghnáthchaite, an aimsir fháistineach, an aimsir chaite, an modh coinníollach, an modh ordaitheach agus an modh foshuiteach (láithreach & caite).

Tá trí phearsa agus dhá uimhir ag an mbriathar sa Ghaeilge: 1 u. / iol., 2 u. / iol., 3 u. / iol.

Le pearsa a chur in iúl i gcás briathair, baintear úsáid as:

foirm tháite (*synthetic form*) den bhriathar .i. ainmní forainmneach agus an briathar táite le chéile m. sh. cuirim (*I put*), cuirfimid (*we will put*), chuirfeá (*you would put*) nó
foirm scartha (*analytic form*) den bhriathar .i. ainmní forainmneach scartha ón mbriathar m. sh. chuir mé (*I put*), cuireann siad (*they put*), chuirfeadh sibh (*you* (iolra) *would put*). Is iad na foirmeacha scartha is minice a úsáidtear agus, chomh maith leis sin, is amhlaidh is minice a úsáidtear iad i gCúige Uladh ná in aon Chúige eile.

SAORBHRIATHAR

Tá foirm ag gach briathar i ngach aimsir a dtugtar saorbhriathar uirthi. Baintear úsáid as an saorbhriathar nuair nach luaitear aon ainmní leis an mbriathar.

óladh an bainne aréir	*the milk was drunk last night*
déantar an obair gach lá	*the work is done every day*

Is minic a bhaintear úsáid as **foirm choibhneasta** (*relative*) den bhriathar i gCúige Uladh agus i gCúige Chonnacht san aimsir láithreach agus san aimsir fháistineach amháin.

Tá briathra rialta ann sa Ghaeilge, deich mbriathar mhírialta, an briathar substainteach bí agus an chopail is.

Luaitear briathra na Gaeilge go hiondúil faoin 2 uatha, modh ordaitheach:

mol	bris	ith

AN FHOIRM NEAMHSPLEÁCH AGUS AN FHOIRM SPLEÁCH

Baintear úsáid as an bhfoirm neamhspleách den bhriathar ar na hócáidí seo a leanas:

(a) nuair a sheasann an briathar as féin .i. nuair nach mbíonn aon mhír bhriathartha roimhe:

tar isteach!	*come in!*
feicim é	*I see him*
tháinig sé inné	*he came yesterday*

(b) nuair a leanann sé ó (in abairt dheimhneach), má, mar (= *because*), óir (*because*) srl.

ó bhí sé anseo	*since he was here*
má thagann sí anois	*if she comes now*
mar tá siad ann	*because they are there*
óir d'imigh sé	*because he left*

Baintear úsáid as an bhfoirm spleách den bhriathar tar éis na míreanna briathartha ní(or), an / ar, go / gur, nach / nár, sula(r), mura(r), a(r) (mír choibhneasta indíreach) srl:

ní raibh sé anseo	*he was not here*
sula dtiocfaidh sí	*before she comes*
an bhfuil tú go maith?	*are you well?*
murar imigh sé	*unless he left*

AN BRIATHAR RIALTA

Tá dhá **réimniú** (*conjugations*) ar na briathra rialta .i. an chéad réimniú agus an dara réimniú.

Sa chéad réimniú tá:

(a) briathra ar fhréamhacha aonsiollacha:

mol	bris

(b) briathra ar fhréamhacha ilsiollacha a chríochnaíonn ar - áil agus roinnt briathra ilsiollacha eile:

sábháil   reáchtáil

(c) roinnt briathra ilsiollacha eile seachas iad sin a luaitear faoi **(b)** thuas:

tionóil   adhlaic

Sa dara réimniú tá:

(a) briathra ar fhréamhacha ilsiollacha a chríochnaíonn ar - (a)igh:

ceannaigh   cruinnigh

(b) briathra ar fhréamhacha ilsiollacha a chríochnaíonn ar - (a)il, - (a)in, - (a)ir, - (a)is agus a choimrítear nuair a réimnítear iad:

imir   inis   ceangail

(c) briathra ar fhréamhacha ilsiollacha nach gcoimrítear nuair a réimnítear iad:

freastail   tarraing

Sna táblaí seo a leanas, soláthraítear samplaí ón dá réimniú de bhriathra a chríochnaíonn ar fhréamh chaol agus leathan:

leathan	mol	ceannaigh
caol	cuir	cruinnigh

An Aimsir Láithreach

AN CHÉAD RÉIMNIÚ - ROINN 1 (A)

	Leathan	Caol
1 uatha	molaim	cuirim
2 uatha	molann tú	cuireann tú
3 uatha	molann sé, sí	cuireann sé, sí
1 iolra	molaimid	cuirimid
2 iolra	molann sibh	cuireann sibh
3 iolra	molann siad	cuireann siad
Saorbhr.	moltar	cuirtear

AN CHÉAD RÉIMNIÚ - ROINN 1 (B)

	Leathan	Caol
1 uatha	reáchtálaim	tiomáinim
2 uatha	reáchtálann tú	tiomáineann tú
3 uatha	reáchtálann sé, sí	tiomáineann sé, sí
1 iolra	reáchtálaimid	tiomáinimid
2 iolra	reáchtálann sibh	tiomáineann sibh
3 iolra	reáchtálann siad	tiomáineann siad
Saorbhr.	reáchtáiltear	tiomáintear

San aimsir láithreach, cuirtear - (a)im, - (a)imid, - (e)ann tú / sé / sí / sibh / siad le fréamh an bhriathair i gcás na bhfoirmeacha pearsanta agus - t(e)ar i gcás an tsaorbhriathair.

Níl ach dhá fhoirm tháite ag an mbriathar san aimsir láithreach .i. 1 uatha - (a)im, 1 iolra - (a)imid.

NÓTA: tugtar faoi deara go bhfuil an - t - caol i gcás an tsaorbhriathair reáchtáiltear.

NÓTA: baintear úsáid as an gcríoch choibhneasta - (e)as (nó - (e)anns) i gCúige Uladh agus i gCúige Chonnacht.

119

An Aimsir Láithreach

AN DARA RÉIMNIÚ - ROINN 2 (A)

	Leathan	Caol
1 uatha	ceannaím	cruinním
2 uatha	ceannaíonn tú	cruinníonn tú
3 uatha	ceannaíonn sé, sí	cruinníonn sé, sí
1 iolra	ceannaímid	cruinnímid
2 iolra	ceannaíonn sibh	cruinníonn sibh
3 iolra	ceannaíonn siad	cruinníonn siad
Saorbhr.	ceannaítear	cruinnítear

AN DARA RÉIMNIÚ - ROINN 2 (B)

	Leathan	Caol
1 uatha	labhraím	imrím
2 uatha	labhraíonn tú	imríonn tú
3 uatha	labhraíonn sé, sí	imríonn sé, sí
1 iolra	labhraímid	imrímid
2 iolra	labhraíonn sibh	imríonn sibh
3 iolra	labhraíonn siad	imríonn siad
Saorbhr.	labhraítear	imrítear

San aimsir láithreach, cuirtear - (a)ím, - (a)ímid, - (a)íonn tú / sé / sí / sibh / siad le fréamh an bhriathair i gcás na bhfoirmeacha pearsanta agus - (a)ítear i gcás an tsaorbhriathair.

Níl ach dhá fhoirm tháite ag an mbriathar san aimsir láithreach .i. 1 uatha - (a)ím, 1 iolra - (a)ímid.

NÓTA: baintear úsáid as an gcríoch choibhneasta - (a)íos (nó - (a)íonns) i gCúige Uladh agus i gCúige Chonnacht.

An Aimsir Chaite

AN CHÉAD RÉIMNIÚ - ROINN 1 (A)

	Leathan	Caol
1 uatha	mhol mé	chuir mé
2 uatha	mhol tú	chuir tú
3 uatha	mhol sé, sí	chuir sé, sí
1 iolra	mholamar	chuireamar
2 iolra	mhol sibh	chuir sibh
3 iolra	mhol siad	chuir siad
Saorbhr.	moladh	cuireadh

AN CHÉAD RÉIMNIÚ - ROINN 1 (B)

	Leathan	Caol
1 uatha	reáchtáil mé	thiomáin mé
2 uatha	reáchtáil tú	thiomáin tú
3 uatha	reáchtáil sé, sí	thiomáin sé, sí
1 iolra	reáchtálamar	thiomáineamar
2 iolra	reáchtáil sibh	thiomáin sibh
3 iolra	reáchtáil siad	thiomáin siad
Saorbhr.	reáchtáladh	tiomáineadh

San aimsir chaite, séimhítear túschonsan an bhriathair agus cuirtear d' roimh an túslitir más f nó guta atá i gceist m. sh. d'fhág, d'ól. Níl de chríoch phearsanta ann ach - (e)amar agus - (e)adh is ea an chríoch i gcás an tsaorbhriathair.

I gcás an tsaorbhriathair, ní shéimhítear túschonsan an bhriathair rialta riamh san aimsir chaite ná ní théann aon athrú ar an túslitir i gcás na mbriathra sin a bhfuil f nó guta ar a dtús m. sh. óladh, fágadh.

Níl ach foirm tháite amháin ag an mbriathar san aimsir chaite .i. 1 iolra - (e)amar.

An Aimsir Chaite

AN DARA RÉIMNIÚ - ROINN 2 (A)

	Leathan	Caol
1 uatha	cheannaigh mé	chruinnigh mé
2 uatha	cheannaigh tú	chruinnigh tú
3 uatha	cheannaigh sé, sí	chruinnigh sé, sí
1 iolra	cheannaíomar	chruinníomar
2 iolra	cheannaigh sibh	chruinnigh sibh
3 iolra	cheannaigh siad	chruinnigh siad
Saorbhr.	ceannaíodh	cruinníodh

AN DARA RÉIMNIÚ - ROINN 2 (B)

	Leathan	Caol
1 uatha	labhair mé	d'imir mé
2 uatha	labhair tú	d'imir tú
3 uatha	labhair sé, sí	d'imir sé, sí
1 iolra	labhraíomar	d'imríomar
2 iolra	labhair sibh	d'imir sibh
3 iolra	labhair siad	d'imir siad
Saorbhr.	labhraíodh	imríodh

Níl de chríoch phearsanta ann ach - (a)íomar agus - (a)íodh is ea an chríoch i gcás an tsaorbhriathair.

Níl ach foirm tháite amháin den bhriathar ann san aimsir chaite .i. 1 iolra. - (a)íomar.

An Aimsir Fháistineach

AN CHÉAD RÉIMNIÚ - ROINN 1 (A)

	Leathan	Caol
1 uatha	molfaidh mé	cuirfidh mé
2 uatha	molfaidh tú	cuirfidh tú
3 uatha	molfaidh sé, sí	cuirfidh sé, sí
1 iolra	molfaimid	cuirfimid
2 iolra	molfaidh sibh	cuirfidh sibh
3 iolra	molfaidh siad	cuirfidh siad
Saorbhr.	molfar	cuirfear

AN CHÉAD RÉIMNIÚ - ROINN 1 (B)

	Leathan	Caol
1 uatha	reáchtálfaidh mé	tiomáinfidh mé
2 uatha	reáchtálfaidh tú	tiomáinfidh tú
3 uatha	reáchtálfaidh sé, sí	tiomáinfidh sé, sí
1 iolra	reáchtálfaimid	tiomáinfimid
2 iolra	reáchtálfaidh sibh	tiomáinfidh sibh
3 iolra	reáchtálfaidh siad	tiomáinfidh siad
Saorbhr.	reáchtálfar	tiomáinfear

San aimsir fháistineach, cuirtear - f(a)idh mé / tú / sé / sí / sibh / siad, - f(a)imid le fréamh an bhriathair i gcás na bhfoirmeacha pearsanta agus - f(e)ar i gcás an tsaorbhriathair.

Níl ach foirm tháite amháin den bhriathar ann san aimsir fháistineach .i. 1 iolra - f(a)imid.

NÓTA: baintear úsáid as an gcríoch choibhneasta - f(e)as i gCúige Uladh agus i gCúige Chonnacht.

An Dara Réimniú - Roinn 2 (A)

	Leathan	Caol
1 uatha	ceannóidh mé	cruinneoidh mé
2 uatha	ceannóidh tú	cruinneoidh tú
3 uatha	ceannóidh sé, sí	cruinneoidh sé, sí
1 iolra	ceannóimid	cruinneoimid
2 iolra	ceannóidh sibh	cruinneoidh sibh
3 iolra	ceannóidh siad	cruinneoidh siad
Saorbhr.	ceannófar	cruinneofar

An Dara Réimniú - Roinn 2 (B)

	Leathan	Caol
1 uatha	labhróidh mé	imreoidh mé
2 uatha	labhróidh tú	imreoidh tú
3 uatha	labhróidh sé, sí	imreoidh sé, sí
1 iolra	labhróimid	imreoimid
2 iolra	labhróidh sibh	imreoidh sibh
3 iolra	labhróidh siad	imreoidh siad
Saorbhr.	labhrófar	imreofar

San aimsir fháistineach, cuirtear - óidh mé / tú / sé / sí / sibh / siad, - óimid (leathan) agus - eoidh mé / tú / sé / sí / sibh / siad, - eoimid (caol) le fréamh an bhriathair i gcás na bhfoirmeacha pearsanta agus - ófar nó - eofar i gcás an tsaorbhriathair.

Níl ach foirm tháite amháin den bhriathar ann san aimsir fháistineach .i. 1 iol. - óimid / - eoimid.

NÓTA: baintear úsáid as an gcríoch choibhneasta - ós nó - eos i gCúige Uladh agus i gCúige Chonnacht.

An Modh Coinníollach

AN CHÉAD RÉIMNIÚ - ROINN 1 (A)

	Leathan	Caol
1 uatha	mholfainn	chuirfinn
2 uatha	mholfá	chuirfeá
3 uatha	mholfadh sé, sí	chuirfeadh sé, sí
1 iolra	mholfaimis	chuirfimis
2 iolra	mholfadh sibh	chuirfeadh sibh
3 iolra	mholfaidís	chuirfidís
Saorbhr.	mholfaí	chuirfí

AN CHÉAD RÉIMNIÚ - ROINN 1 (B)

	Leathan	Caol
1 uatha	reáchtálfainn	thiomáinfinn
2 uatha	reáchtálfá	thiomáinfeá
3 uatha	reáchtálfadh sé, sí	thiomáinfeadh sé, sí
1 iolra	reáchtálfaimis	thiomáinfimis
2 iolra	reáchtálfadh sibh	thiomáinfeadh sibh
3 iolra	reáchtálfaidís	thiomáinfidís
Saorbhr.	reáchtálfaí	thiomáinfí

Sa mhodh coinníollach, séimhítear túschonsan an bhriathair agus cuirtear d'
roimh an túslitir más f nó guta atá i gceist m. sh. d'fhágfadh, d'ólfadh. Is iad
na deirí pearsanta - f(a)inn, - f(e)á, - f(e)adh sé / sí / sibh, - f(a)imis, - f(a)idís
agus - f(a)í i gcás an tsaorbhriathair.

Tá ceithre fhoirm tháite ag an mbriathar sa mhodh coinníollach
.i. 1 u. - f(a)inn, 2 u. - f(e)á, 1 iol. - f(a)imis, 3 iol. - f(a)idís.

An Modh Coinníollach

An Dara Réimniú - Roinn 2 (A)

	Leathan	Caol
1 uatha	cheannóinn	chruinneoinn
2 uatha	cheannófá	chruinneofá
3 uatha	cheannódh sé, sí	chruinneodh sé, sí
1 iolra	cheannóimis	chruinneoimis
2 iolra	cheannódh sibh	chruinneodh sibh
3 iolra	cheannóidís	chruinneoidís
Saorbhr.	cheannófaí	chruinneofaí

An Dara Réimniú - Roinn 2 (B)

	Leathan	Caol
1 uatha	labhróinn	d'imreoinn
2 uatha	labhrófá	d'imreofá
3 uatha	labhródh sé, sí	d'imreodh sé, sí
1 iolra	labhróimis	d'imreoimis
2 iolra	labhródh sibh	d'imreodh sibh
3 iolra	labhróidís	d'imreoidís
Saorbhr.	labhrófaí	d'imreofaí

Sa mhodh coinníollach, cuirtear - óinn, - ófá, - ódh sé / sí / sibh, - óimis, - óidís (leathan) agus - eoinn, - eofá, - eodh sé / sí / sibh, - eoimis, - eoidís (caol) le fréamh an bhriathair i gcás na bhfoirmeacha pearsanta agus - ófaí nó - eofaí i gcás an tsaorbhriathair.

Tá ceithre fhoirm tháite ag an mbriathar sa mhodh coinníollach .i. 1 u. - óinn / - eoinn, 2 u. - ófá / - eofá, 1 iol. - óimis / - eoimis, 3 iol. - óidís / - eoidís.

An Aimsir Ghnáthchaite

AN CHÉAD RÉIMNIÚ - ROINN 1 (A)

	Leathan	Caol
1 uatha	mholainn	chuirinn
2 uatha	mholtá	chuirteá
3 uatha	mholadh sé, sí	chuireadh sé, sí
1 iolra	mholaimis	chuirimis
2 iolra	mholadh sibh	chuireadh sibh
3 iolra	mholaidís	chuiridís
Saorbhr.	mholtaí	chuirtí

AN CHÉAD RÉIMNIÚ - ROINN 1 (B)

	Leathan	Caol
1 uatha	reáchtálainn	thiomáininn
2 uatha	reáchtáilteá	thiomáinteá
3 uatha	reáchtáladh sé, sí	thiomáineadh sé, sí
1 iolra	reáchtálaimis	thiomáinimis
2 iolra	reáchtáladh sibh	thiomáineadh sibh
3 iolra	reáchtálaidís	thiomáinidís
Saorbhr.	reáchtáiltí	thiomáintí

San aimsir ghnáthchaite, séimhítear túschonsan an bhriathair agus cuirtear d' roimh an túslitir más f nó guta atá i gceist m. sh. d'fhágadh, d'óladh. Is iad na deirí pearsanta - (a)inn, - t(e)á, - (e)adh sé / sí / sibh, - (a)imis, - (a)idís agus - t(a)í i gcás an tsaorbhriathair.

Tá ceithre fhoirm tháite ag an mbriathar san aimsir ghnáthchaite .i. 1 u. - (a)inn, 2 u. - t(e)á, 1 iol. - (a)imis, 3 iol. - (a)idís.

NÓTA: tugtar faoi deara go bhfuil an - t - caol i gcás an tsaorbhriathair reáchtáiltí.

An Aimsir Ghnáthchaite

AN DARA RÉIMNIÚ - ROINN 2 (A)

	Leathan	Caol
1 uatha	cheannaínn	chruinnínn
2 uatha	cheannaíteá	chruinníteá
3 uatha	cheannaíodh sé, sí	chruinníodh sé, sí
1 iolra	cheannaímis	chruinnímis
2 iolra	cheannaíodh sibh	chruinníodh sibh
3 iolra	cheannaídís	chruinnídís
Saorbhr.	cheannaítí	chruinnítí

AN DARA RÉIMNIÚ - ROINN 2 (B)

	Leathan	Caol
1 uatha	labhraínn	d'imrínn
2 uatha	labhraíteá	d'imríteá
3 uatha	labhraíodh sé, sí	d'imríodh sé, sí
1 iolra	labhraímis	d'imrímis
2 iolra	labhraíodh sibh	d'imríodh sibh
3 iolra	labhraídís	d'imrídís
Saorbhr.	labhraítí	d'imrítí

San aimsir ghnáthchaite, cuirtear - (a)ínn, - (a)íteá, - (a)íodh sé / sí / sibh, - (a)ímis, - (a)ídís le fréamh an bhriathair i gcás na bhfoirmeacha pearsanta agus - (a)ítí i gcás an tsaorbhriathair.

Tá ceithre fhoirm tháite ag an mbriathar san aimsir ghnáthchaite .i. 1 u. - (a)ínn, 2 u. - (a)íteá, 1 iol. - (a)ímis, 3 iol. - (a)ídís.

•

128

An Modh Ordaitheach

AN CHÉAD RÉIMNIÚ - ROINN 1 (A)

	Leathan	Caol
1 uatha	molaim	cuirim
2 uatha	mol	cuir
3 uatha	moladh sé, sí	cuireadh sé, sí
1 iolra	molaimis	cuirimis
2 iolra	molaigí	cuirigí
3 iolra	molaidís	cuiridís
Saorbhr.	moltar	cuirtear

AN CHÉAD RÉIMNIÚ - ROINN 1 (B)

	Leathan	Caol
1 uatha	reáchtálaim	tiomáinim
2 uatha	reáchtáil	tiomáin
3 uatha	reáchtáladh sé, sí	tiomáineadh sé, sí
1 iolra	reáchtálaimis	tiomáinimis
2 iolra	reáchtálaigí	tiomáinigí
3 iolra	reáchtálaidís	tiomáinidís
Saorbhr.	reáchtáiltear	tiomáintear

Sa mhodh ordaitheach, cuirtear - (a)im, - (e)adh sé / sí, - (a)imis, - (a)igí, - (a)idís le fréamh an bhriathair i gcás na bhfoirmeacha pearsanta agus - t(e)ar i gcás an tsaorbhriathair.

Tá ceithre fhoirm tháite ag an mbriathar sa mhodh ordaitheach .i. 1 u. - (a)im, 1 iol. - (a)imis, 2 iol. - (a)igí, 3 iol. - (a)idís.

NÓTA: tugtar faoi deara go bhfuil an - t - caol i gcás an tsaorbhriathair reáchtáiltear.

An Modh Ordaitheach

AN DARA RÉIMNIÚ - ROINN 2 (A)

	Leathan	Caol
1 uatha	ceannaím	cruinním
2 uatha	ceannaigh	cruinnigh
3 uatha	ceannaíodh sé, sí	cruinníodh sé, sí
1 iolra	ceannaímis	cruinnímis
2 iolra	ceannaígí	cruinnígí
3 iolra	ceannaídís	cruinnídís
Saorbhr.	ceannaítear	cruinnítear

AN DARA RÉIMNIÚ - ROINN 2 (B)

	Leathan	Caol
1 uatha	labhraím	imrím
2 uatha	labhair	imir
3 uatha	labhraíodh sé, sí	imríodh sé, sí
1 iolra	labhraímis	imrímis
2 iolra	labhraígí	imrígí
3 iolra	labhraídís	imrídís
Saorbhr.	labhraítear	imrítear

Sa mhodh ordaitheach, cuirtear - (a)ím, - (a)íodh sé / sí, - (a)ímis, - (a)ígí, - (a)ídís le fréamh an bhriathair i gcás na bhfoirmeacha pearsanta agus - (a)ítear i gcás an tsaorbhriathair.

Tá ceithre fhoirm tháite ag an mbriathar sa mhodh ordaitheach .i. 1 u. - (a)ím, 1 iol. - (a)ímis, 2 iol. - (a)ígí, 3 iol. - (a)ídís.

An Modh Foshuiteach Láithreach

AN CHÉAD RÉIMNIÚ - ROINN 1 (A)

	Leathan	Caol
1 uatha	- mola mé	- cuire mé
2 uatha	- mola tú	- cuire tú
3 uatha	- mola sé, sí	- cuire sé, sí
1 iolra	- molaimid	- cuirimid
2 iolra	- mola sibh	- cuire sibh
3 iolra	- mola siad	- cuire siad
Saorbhr.	- moltar	- cuirtear

AN CHÉAD RÉIMNIÚ - ROINN 1 (B)

	Leathan	Caol
1 uatha	- reáchtála mé	- tiomáine mé
2 uatha	- reáchtála tú	- tiomáine tú
3 uatha	- reáchtála sé, sí	- tiomáine sé, sí
1 iolra	- reáchtálaimid	- tiomáinimid
2 iolra	- reáchtála sibh	- tiomáine sibh
3 iolra	- reáchtála siad	- tiomáine siad
Saorbhr.	- reáchtáiltear	- tiomáintear

Sa mhodh foshuiteach láithreach, cuirtear - a (leathan) nó - e (caol) mé / tú / sé / sí / sibh / siad, - (a)imid le fréamh an bhriathair i gcás na bhfoirmeacha pearsanta agus - t(e)ar i gcás an tsaorbhriathair.

Níl ach foirm tháite amháin ag an mbriathar sa mhodh foshuiteach láithreach .i. 1 iol. - (a)imid.

NÓTA: tugtar faoi deara go bhfuil an - t - caol i gcás an tsaorbhriathair reáchtáiltear.

An Modh Foshuiteach Láithreach

An Dara Réimniú - Roinn 2 (A)

	Leathan	Caol
1 uatha	- ceannaí mé	- cruinní mé
2 uatha	- ceannaí tú	- cruinní tú
3 uatha	- ceannaí sé, sí	- cruinní sé, sí
1 iolra	- ceannaímid	- cruinnímid
2 iolra	- ceannaí sibh	- cruinní sibh
3 iolra	- ceannaí siad	- cruinní siad
Saorbhr.	- ceannaítear	- cruinnítear

An Dara Réimniú - Roinn 2 (B)

	Leathan	Caol
1 uatha	- labhraí mé	- imrí mé
2 uatha	- labhraí tú	- imrí tú
3 uatha	- labhraí sé, sí	- imrí sé, sí
1 iolra	- labhraímid	- imrímid
2 iolra	- labhraí sibh	- imrí sibh
3 iolra	- labhraí siad	- imrí siad
Saorbhr.	- labhraítear	- imrítear

Sa mhodh foshuiteach láithreach, cuirtear - (a)í mé / tú / sé / sí / sibh / siad, - (a)ímid le fréamh an bhriathair i gcás na bhfoirmeacha pearsanta agus - (a)ít(e)ar i gcás an tsaorbhriathair.

Níl ach foirm tháite amháin ag an mbriathar sa mhodh foshuiteach láithreach .i. 1 iol. - (a)ímid.

An Aidiacht Bhriathartha

AN CHÉAD RÉIMNIÚ - ROINN 1 (A)

Cuirtear - ta / - te le briathra a chríochnaíonn ar - l, - n, - s, - ch, - d:

	Leathan			Caol	
ól	→	ólta	buail	→	buailte
dún	→	dúnta	sín	→	sínte
las	→	lasta	bris	→	briste
croch	→	crochta	goid	→	goidte
stad	→	stadta			

Le briathra a chríochnaíonn ar - t / - th, cealaítear an - t / - th agus cuirtear - te / - ta leo:

rith → rite   caith → caite   loit → loite   at → ata

Cuirtear - tha / - the le briathra a chríochnaíonn ar - b, - c, - g, - m, - p, - r:

	Leathan			Caol	
cum	→	cumtha	loisc	→	loiscthe
ceap	→	ceaptha	lig	→	ligthe
fág	→	fágtha	léim	→	léimthe
glac	→	glactha	scaip	→	scaipthe
lúb	→	lúbtha			

NÓTA: leathnaítear an consan deiridh i gcásanna áirithe:

cuir   →   curtha   siúil   →   siúlta

Le briathra a chríochnaíonn ar - bh / - mh, cealaítear an - bh / - mh agus cuirtear - fa leo:

scríobh → scríofa   gabh → gafa   lobh → lofa

Tá roinnt deirí mírialta ann: inis → inste

AN DARA RÉIMNIÚ - ROINN 2 (A)

Cealaítear an - gh deiridh agus cuirtear - the leo:

Leathan			**Caol**		
ceannaigh	→	ceannaithe	cruinnigh	→	cruinnithe
athraigh	→	athraithe	imigh	→	imithe

An tAinm Briathartha

Úsáidtear an t-ainm briathartha agus ag roimhe le gníomhú leanúnach a chur in iúl.

ag caint	*talking*	ag éisteacht	*listening*
ag ól	*drinking*	ag ceannach	*buying*
ag díol	*selling*	ag siúl	*walking*

Baintear úsáid as le hinfinideach *to* a aistriú. Nuair nach bhfuil aon chuspóir díreach ann, baintear úsáid as an bhfoirmle seo a leanas:

caithfidh mé **imeacht** anois	*I have to go now*
tá orm **fanacht**	*I have to wait*
ní mór dó **dul** amach	*he has to go out*
b'éigean dóibh **snámh**	*they had to swim*
an bhfuil tú ag iarraidh **fanacht?**	*do you wish to stay?*
ba bhreá liom **bualadh** leis	*I'd love to meet him*

Nuair atá cuspóir díreach i gceist, bíodh sé ina ainmfhocal nó ina fhorainm, baintear úsáid as an bhfoirmle seo a leanas:

eile + cuspóir + a (séimhíonn) + ainm briathartha

tá sé ar tí an obair **a dhéanamh**	*he is about to do the work*
ba mhaith liom an fear **a fheiceáil**	*I would like to see the man*
is breá liom é **a fheiceáil** gach lá	*I love to see him every day*
caithfidh sí an carr **a thiomáint**	*she has to drive the car*
tá ort an chistin **a ghlanadh**	*you have to clean the kitchen*
ní mór dúinn an siopa **a dhúnadh**	*we have to close the shop*
b'éigean di an cat **a bhualadh**	*she had to beat the cat*
dúirt sé liom an t-airgead **a chaitheamh**	*he told me to spend the money*

Nuair atá ainmfhocal ina chuspóir díreach ag ainm briathartha, is iondúil an t-ainmfhocal sin sa tuiseal ginideach:

ag déanamh **na hoibre**	*doing the work*
ag ithe **an dinnéir**	*eating the dinner*
ag scríobh **na litreach**	*writing the letter*

Nuair atá forainm ina chuspóir díreach ag ainm briathartha, baintear úsáid as foirmle ina n-úsáidtear aidiacht shealbhach:

do / ag **mo** mholadh	*praising me*
do / ag **do** mholadh	*praising you*

An tAinm Briathartha

AN CHÉAD RÉIMNIÚ - ROINN 1 (A)

Is é an bealach is coitianta leis an ainm briathartha a dhéanamh - (e)adh a chur le fréamh an bhriathair.

Leathan			Caol		
mol	→	moladh	bris	→	briseadh
dún	→	dúnadh	cáin	→	cáineadh
pós	→	pósadh	doirt	→	doirteadh

(Uaireanta leathnaítear an consan deiridh.)

| buail | → | bualadh | loisc | → | loscadh |

Bealaí coitianta eile leis an ainm briathartha a dhéanamh:

Ar aon fhoirm leis an bhfréamh:

| díol | → | díol | troid | → | troid |
| ól | → | ól | rith | → | rith |

Leathnú ar chonsan deiridh na fréimhe:

| cuir | → | cur | siúil | → | siúl |

Cuirtear - t leis an bhfréamh:

| bain | → | baint | roinn | → | roinnt |

Cuirtear - (e)amh:

| caith | → | caitheamh | léigh | → | léamh |
| seas | → | seasamh | | | |

Cuirtear - (e)an:

| lig | → | ligean | leag | → | leagan |

Cuirtear - (i)úint:

| creid | → | creidiúint | lean | → | leanúint |

Cuirtear deirí eile leo:

fág	→	fágáil	féach	→	féachaint
fan	→	fanacht			

AN DARA RÉIMNIÚ - ROINN 2 (A)

Cealaítear an - (a)igh deiridh agus cuirtear - (i)ú leo:

Leathan			**Caol**		
maraigh	→	marú	cruinnigh	→	cruinniú
athraigh	→	athrú	bailigh	→	bailiú
tosaigh	→	tosú	suimigh	→	suimiú

Cealaítear an - (a)igh deiridh agus cuirtear - (e)ach(t) leo:

ceannaigh	→	ceannach
imigh	→	imeacht

Liosta Briathra

An Chéad Réimniú - Roinn 1 (A)

adhlaic, adhain, aiseag, aisíoc, alp

bac, bácáil, báigh, bain, baist, basc, bearr, béic, bíog, blais, bligh, bog, borr,
braith, breac, bréag, bris, bronn, brúigh, bruith, buail, buaigh

caill, cáin, caith, cam, can, caoin, cardáil, carn, cas, cealg, ceap, céas, ceil,
cinn, ciondáil, cíor, cleacht, clis, clóbhuail, cloígh, clóscríobh, cniotáil,
coimeád, coisric, comhair, comhlíon, cónasc, cráigh, craobhscaoil, craol,
creach, creid, crith, croch, croith, crom, cros, cruaigh, crúigh, cuir, cum

dall, daor, dearc, dearg, dearmad, déileáil, díol, díon, doirt, dréacht, dún

éag, éist

fág, fáisc, fan, fás, féach, féad, feall, feil, feoigh, fill, figh, fiuch, fliuch, fóir,
foráil, friotháil, fuaigh

gabh, gair, geal, geall, gearr, géill, geit, gin, glac, glan, glaoigh, gléas, gluais,
goid, goil, goill, goin, gráigh, gread, gróig, guigh

iarr, iniúch, insteall, íoc

las, lasc, leag, leáigh, lean, leath, leigheas, léigh, léim, leon, lig, ligh, líon,
liostáil, loic, loisc, loit, lom, luaigh, luasc, luigh

maígh, mair, máirseáil, maith, marcáil, meall, meas, measc, meath, meil,
mill, mór, múch, múin

nasc, nigh, nocht

ofráil, oil, oir, ól

pacáil, pioc, plab, planc, pléigh, plúch, póg, poll, pós, preab, priontáil,
promh

rácáil, réab, reic, reoigh, riar, righ, ríomh, robáil, roll, rop, ruaig, rúisc

sábháil, saill, saor, scag, scaip, scaird, scairt, scall, scaoil, scar, scealp, sceith,
scinn, sciorr, sciúr, scoilt, scoir, scoith, scréach, scread, scríob, scríobh,
scuab, seachaid, séan, searg, searr, seas, séid, seinn, sín, síob, sioc, siúil,
sléacht, slíoc, slog, sméid, smol, snigh, sníomh, sóinseáil, spáráil,
speach, spíon, spreag, spréigh, srac, srann, sroich, stad, stán, staon,
steall, stiall, stiúr, stoll, stríoc, stróic, suaith, suigh, súigh, suncáil

tacht, tairg, táirg, taisc, taispeáin, taom, taosc, tástáil, téacht, teagasc,
teann, teilg, téigh, teip, teith, tiomáin, tionlaic, tionóil, tit, tochais,
tochrais, tóg, togh, tolg, tomhais, tost, trácht, tráigh, traoith, tréig, triail,
triall, troid, troisc, tuig, tuill, tum

uaim, urlaic, úsáid

An Dara Réimniú - Roinn 2 (a)

achtaigh, adhraigh, admhaigh, agair, aifrigh, aimsigh, ainmnigh, airigh, áirigh, aiséirigh, aistrigh, aithin, aithris, áitigh, altaigh, aontaigh, athraigh

bagair, bailigh, bánaigh, básaigh, beachtaigh, beannaigh, beartaigh, beathaigh, beirigh, bioraigh, bisigh, bláthaigh, bodhraigh, bolaigh, bréagnaigh, breathnaigh, breithnigh, brostaigh, buanaigh, bunaigh

cabhraigh, cáiligh, caomhnaigh, ceadaigh, cealaigh, ceangail, ceannaigh, ceansaigh, ceartaigh, ceisnigh, ceistigh, ciallaigh, cigil, ciontaigh, ciúnaigh, claochlaigh, cláraigh, clúdaigh, codail, cogain, coigil, coinnigh, cóirigh, comhairligh, comhlánaigh, comhordaigh, comhréitigh, cónaigh, corraigh, coscair, cosain, cothaigh, cothromaigh, creathnaigh, críochnaigh, cruinnigh, cruthaigh, cuardaigh, cuidigh, cuimhnigh, cúisigh, cúitigh, cúlaigh, cumhdaigh

damhsaigh, damnaigh, dathaigh, dealaigh, dealraigh, dearbhaigh, deifrigh, deimhnigh, deonaigh, díbir, dícháiligh, dírigh, diúltaigh, dreasaigh, dúisigh, dúnmharaigh

eachtraigh, eagraigh, éalaigh, eascair, éiligh, éirigh, eisigh, eitigh, eitil

fadaigh, fáiltigh, feistigh, fiafraigh, fiosraigh, foghlaim, fógair, foilsigh, folaigh, freastail, fulaing

giorraigh, gnáthaigh, gníomhaigh, gnóthaigh, gortaigh, greamaigh, gríosaigh

ídigh, imigh, impigh, imir, infheistigh, inis, íobair, iompaigh, iompair, iomair, ionsaigh, ísligh

labhair, laghdaigh, leasaigh, leathnaigh, léirigh, línigh, liostaigh, litrigh, lochtaigh

machnaigh, maisigh, maistrigh, malartaigh, mallachtaigh, maolaigh, maothaigh, maraigh, marcaigh, maslaigh, meabhraigh, mínigh, mionnaigh, móidigh, moilligh, mothaigh, muirnigh, múnlaigh, múscail

náirigh, naomhaigh, neadaigh, neartaigh, neodraigh, oibrigh, oiriúnaigh, oirnigh, ordaigh, oscail

peacaigh, plandaigh, plódaigh,

rámhaigh, ramhraigh, reachtaigh, réimnigh, réitigh, rianaigh, righnigh, roghnaigh

sáinnigh, salaigh, samhlaigh, saoirsigh, saolaigh, saothraigh, sáraigh, sásaigh, satail, scanraigh, scrúdaigh, seachnaigh, séalaigh, sealbhaigh, sínigh, síolraigh, síothlaigh, slánaigh, sleamhnaigh, smachtaigh, smaoinigh, snasaigh, socraigh, soilsigh, soiprigh, soirbhigh, soláthraigh, sonraigh, sruthlaigh

tabhaigh, tagair, taithigh, taobhaigh, tapaigh, tarraing, táthaigh, teagmhaigh, teastaigh, timpeallaigh, tiomnaigh, tiomsaigh, tiontaigh, tochail, toiligh, tóraigh, tosaigh, trasnaigh, tréaslaigh, treoraigh, triomaigh, truailligh, tuirsigh

uachtaigh, uaisligh, ualaigh, údaraigh, uimhrigh, umhlaigh

AN BRIATHAR MÍRIALTA

Tá dhá bhriathar mhírialta déag ann sa Ghaeilge, an briathar substainteach bí agus an chopail is san áireamh. Tugtar briathra mírialta ar na briathra sin nach bhfuil an fhréamh chéanna acu ina réimniú ar fad agus, i gcás roinnt de na briathra sin, ní hionann foirmeacha neamhspleácha agus spleácha dóibh in aimsirí éagsúla. Tá cuid de na briathra níos mírialta ná a chéile.

Seo a leanas liosta de na briathra mírialta amach ón mbriathar substainteach bí agus ón gcopail. Tugtar an 2 uatha, modh ordaitheach de na briathra anseo:

beir	*carry / catch / be born*
clois / cluin	*hear*
déan	*do / make*
abair	*say*
faigh	*get*
feic	*see*
ith	*eat*
tabhair	*give*
tar	*come*
téigh	*go*

An Aimsir Láithreach

Maidir le hochtar de na briathra seo (iad go léir ach amháin abair agus, go dtí pointe áirithe, téigh), tógtar fréamh na haimsire láithrí agus cuirtear léi gnáthdheirí bhriathra rialta Roinn 1 (a).

	Beir	**Déan**	**Feic**
1 uatha	beirim	déanaim	feicim
2 uatha	beireann tú	déanann tú	feiceann tú
3 uatha	beireann sé, sí	déanann sé, sí	feiceann sé, sí
1 iolra	beirimid	déanaimid	feicimid
2 iolra	beireann sibh	déanann sibh	feiceann sibh
3 iolra	beireann siad	déanann siad	feiceann siad
Saorbhr.	beirtear	déantar	feictear

	Ith	**Tabhair**	**Tar**
1 uatha	ithim	tugaim	tagaim
2 uatha	itheann tú	tugann tú	tagann tú
3 uatha	itheann sé, sí	tugann sé, sí	tagann sé, sí
1 iolra	ithimid	tugaimid	tagaimid
2 iolra	itheann sibh	tugann sibh	tagann sibh
3 iolra	itheann siad	tugann siad	tagann siad
Saorbhr.	itear	tugtar	tagtar

NÓTA: i gcás tar agus tabhair, tag - agus tug - is ea fréamhacha na haimsire láithrí.

	Faigh	**Clois / Cluin**
1 uatha	faighim	cloisim / cluinim
2 uatha	faigheann tú	cloiseann / cluineann tú
3 uatha	faigheann sé, sí	cloiseann / cluineann sé, sí
1 iolra	faighimid	cloisimid / cluinimid
2 iolra	faigheann sibh	cloiseann / cluineann sibh
3 iolra	faigheann siad	cloiseann / cluineann siad
Saorbhr.	faightear	cloistear / cluintear

	Téigh	**Abair**
1 uatha	téim	deirim
2 uatha	téann tú	deir tú
3 uatha	téann sé, sí	deir sé, sí
1 iolra	téimid	deirimid
2 iolra	téann sibh	deir sibh
3 iolra	téann siad	deir siad
Saorbhr.	téitear	deirtear

NÓTA: tá athruithe beaga le sonrú i gcás téigh ach tá athruithe móra le sonrú i gcás abair.

NÓTA: ní shéimhítear túslitir abair nuair a thagann an mhír dhiúltach ní nó aon mhír eile a shéimhíonn roimpi.

An Aimsir Chaite

	Tabhair	Ith
1 uatha	thug mé	d'ith mé
2 uatha	thug tú	d'ith tú
3 uatha	thug sé, sí	d'ith sé, sí
1 iolra	thugamar	d'itheamar
2 iolra	thug sibh	d'ith sibh
3 iolra	thug siad	d'ith siad
Saorbhr.	tugadh	itheadh

Is ionann fréamh don dá bhriathar tabhair agus ith san aimsir láithreach agus san aimsir chaite agus úsáidtear na deirí agus na réimíreanna céanna leo is a úsáidtear leis na briathra rialta, Roinn 1 (a).

	Beir	Clois / Cluin	Tar
1 uatha	rug mé	chuala mé	tháinig mé
2 uatha	rug tú	chuala tú	tháinig tú
3 uatha	rug sé, sí	chuala sé, sí	tháinig sé, sí
1 iolra	rugamar	chualamar	thángamar
2 iolra	rug sibh	chuala sibh	tháinig sibh
3 iolra	rug siad	chuala siad	tháinig siad
Saorbhr.	rugadh	chualathas	thángthas

Ní hionann fréamh do na briathra beir, clois / cluin agus tar san aimsir láithreach agus san aimsir chaite. Úsáidtear na deirí agus na réimíreanna céanna leo san aimsir chaite is a úsáidtear leis na briathra rialta, Roinn 1 (a).

	Abair	Faigh
1 uatha	dúirt mé	fuair mé
2 uatha	dúirt tú	fuair tú
3 uatha	dúirt sé, sí	fuair sé, sí
1 iolra	dúramar	fuaireamar
2 iolra	dúirt sibh	fuair sibh
3 iolra	dúirt siad	fuair siad
Saorbhr.	dúradh	fuarthas

Ní hionann fréamh do na briathra abair agus faigh san aimsir láithreach agus san aimsir chaite. Úsáidtear na réimíreanna ní, an, go, nach srl. leo san aimsir chaite. Ní shéimhítear túslitir abair san aimsir seo nuair a thagann an mhír dhiúltach ní nó aon mhír eile a shéimhíonn roimpi. Leanann urú ní i gcás an bhriathair faigh san aimsir chaite.

	Foirmeacha Neamhspleácha	Foirmeacha Spleácha
	Téigh	**Téigh**
1 uatha	chuaigh mé	- deachaigh mé
2 uatha	chuaigh tú	- deachaigh tú
3 uatha	chuaigh sé, sí	- deachaigh sé, sí
1 iolra	chuamar	- deachamar
2 iolra	chuaigh sibh	- deachaigh sibh
3 iolra	chuaigh siad	- deachaigh siad
Saorbhr.	chuathas	- deachthas
	Déan	**Déan**
1 uatha	rinne mé	- dearna mé
2 uatha	rinne tú	- dearna tú
3 uatha	rinne sé, sí	- dearna sé, sí
1 iolra	rinneamar	- dearnamar
2 iolra	rinne sibh	- dearna sibh
3 iolra	rinne siad	- dearna siad
Saorbhr.	rinneadh	- dearnadh
	Feic	**Feic**
1 uatha	chonaic mé	- faca mé
2 uatha	chonaic tú	- faca tú
3 uatha	chonaic sé, sí	- faca sé, sí
1 iolra	chonaiceamar	- facamar
2 iolra	chonaic sibh	- faca sibh
3 iolra	chonaic siad	- faca siad
Saorbhr.	chonacthas	- facthas

Ní hionann fréamh na haimsire láithrí agus na haimsire caite i gcás an triúir thuas. San aimsir chaite is iad na míreanna briathartha a úsáidtear leo san aimsir chaite ní, an, go, nach srl.

An Aimsir Fháistineach

	Beir	Déan	Feic
1 uatha	béarfaidh mé	déanfaidh mé	feicfidh mé
2 uatha	béarfaidh tú	déanfaidh tú	feicfidh tú
3 uatha	béarfaidh sé, sí	déanfaidh sé, sí	feicfidh sé, sí
1 iolra	béarfaimid	déanfaimid	feicfimid
2 iolra	béarfaidh sibh	déanfaidh sibh	feicfidh sibh
3 iolra	béarfaidh siad	déanfaidh siad	feicfidh siad
Saorbhr.	béarfar	déanfar	feicfear

	Ith	Tabhair	Tar
1 uatha	íosfaidh mé	tabharfaidh mé	tiocfaidh mé
2 uatha	íosfaidh tú	tabharfaidh tú	tiocfaidh tú
3 uatha	íosfaidh sé, sí	tabharfaidh sé, sí	tiocfaidh sé, sí
1 iolra	íosfaimid	tabharfaimid	tiocfaimid
2 iolra	íosfaidh sibh	tabharfaidh sibh	tiocfaidh sibh
3 iolra	íosfaidh siad	tabharfaidh siad	tiocfaidh siad
Saorbhr.	íosfar	tabharfar	tiocfar

NÓTA: ní shéimhítear túslitir abair nuair a thagann an mhír dhiúltach ní nó aon mhír eile a shéimhíonn roimpi.

	Téigh	Clois / Cluin	Abair
1 uatha	rachaidh mé	cloisfidh / cluinfidh mé	déarfaidh mé
2 uatha	rachaidh tú	cloisfidh / cluinfidh tú	déarfaidh tú
3 uatha	rachaidh sé, sí	cloisfidh / cluinfidh sé, sí	déarfaidh sé, sí
1 iolra	rachaimid	cloisfimid / cluinfimid	déarfaimid
2 iolra	rachaidh sibh	cloisfidh / cluinfidh sibh	déarfaidh sibh
3 iolra	rachaidh siad	cloisfidh / cluinfidh siad	déarfaidh siad
Saorbhr.	rachfar	cloisfear / cluinfear	déarfar

NÓTA: tá foirmeacha neamhspleácha agus foirmeacha spleácha atá glanscartha óna chéile ag an mbriathar seo a leanas amháin san aimsir fháistineach. Uraítear túslitir an bhriathair seo freisin tar éis ní.

	Foirmeacha Neamhspleácha	Foirmeacha Spleácha
	Faigh	**Faigh**
1 uatha	gheobhaidh mé	- bhfaighidh mé
2 uatha	gheobhaidh tú	- bhfaighidh tú
3 uatha	gheobhaidh sé, sí	- bhfaighidh sé, sí
1 iolra	gheobhaimid	- bhfaighimid
2 iolra	gheobhaidh sibh	- bhfaighidh sibh
3 iolra	gheobhaidh siad	- bhfaighidh siad
Saorbhr.	gheofar	- bhfaighfear

NÓTA: is ionann deirí san aimsir fháistineach do na briathra mírialta thuas (níl aon - f - i gceist le rach -, gheobh - agus - faigh - ach amháin sa saorbhriathar) agus do na briathra rialta, Roinn 1 (a).

NÓTA: is ionann fréamh san aimsir fháistineach agus san aimsir láithreach do na briathra clois / cluin, feic, déan. Ní hionann an fhréamh, áfach, i gcás na mbriathra mírialta eile.

145

An Modh Coinníollach

	Beir	Déan	Feic
1 uatha	bhéarfainn	dhéanfainn	d'fheicfinn
2 uatha	bhéarfá	dhéanfá	d'fheicfeá
3 uatha	bhéarfadh sé, sí	dhéanfadh sé, sí	d'fheicfeadh sé, sí
1 iolra	bhéarfaimis	dhéanfaimis	d'fheicfimis
2 iolra	bhéarfadh sibh	dhéanfadh sibh	d'fheicfeadh sibh
3 iolra	bhéarfaidís	dhéanfaidís	d'fheicfidís
Saorbhr.	bhéarfaí	dhéanfaí	d'fheicfí

	Ith	Tabhair	Tar
1 uatha	d'íosfainn	thabharfainn	thiocfainn
2 uatha	d'íosfá	thabharfá	thiocfá
3 uatha	d'íosfadh sé, sí	thabharfadh sé, sí	thiocfadh sé, sí
1 iolra	d'íosfaimis	thabharfaimis	thiocfaimis
2 iolra	d'íosfadh sibh	thabharfadh sibh	thiocfadh sibh
3 iolra	d'íosfaidís	thabharfaidís	thiocfaidís
Saorbhr.	d'íosfaí	thabharfaí	thiocfaí

NÓTA: ní shéimhítear túslitir abair nuair a thagann an mhír dhiúltach ní nó aon mhír eile a shéimhíonn roimpi.

	Téigh	Clois / Cluin	Abair
1 uatha	rachainn	chloisfinn/chluinfinn	déarfainn
2 uatha	rachfá	chloisfeá/chluinfeá	déarfá
3 uatha	rachadh sé, sí	chloisfeadh/chluinfeadh sé, sí	déarfadh sé, sí
1 iolra	rachaimis	chloisfimis/chluinfimis	déarfaimis
2 iolra	rachadh sibh	chloisfeadh/chluinfeadh sibh	déarfadh sibh
3 iolra	rachaidís	chloisfidís/chluinfidís	déarfaidís
Saorbhr.	rachfaí	chloisfí/chluinfí	déarfaí

NÓTA: níl foirmeacha neamhspleácha agus spleácha difriúla ann sa mhodh coinníollach ach amháin i gcás an bhriathair seo a leanas amháin. Leanann urú ní i gcás an bhriathair seo freisin:

	Foirmeacha Neamhspleácha	Foirmeacha Spleácha
	Faigh	**Faigh**
1 uatha	gheobhainn	- bhfaighinn
2 uatha	gheofá	- bhfaighfeá
3 uatha	gheobhadh sé, sí	- bhfaigheadh sé, sí
1 iolra	gheobhaimis	- bhfaighimis
2 iolra	gheobhadh sibh	- bhfaigheadh sibh
3 iolra	gheobhaidís	- bhfaighidís
Saorbhr.	gheofaí	- bhfaighfí

NÓTA: is ionann deirí sa mhodh coinníollach do na briathra mírialta thuas (níl aon - f - i gceist le rach -, gheobh - agus - faigh - (ach amháin sa saorbhriathar agus sa 2 u.) agus do na briathra rialta, Roinn 1 (a).

NÓTA: is ionann fréamh do na briathra clois / cluin, feic, déan san aimsir láithreach agus sa mhodh coinníollach, rud nach fíor i gcás na mbriathra mírialta eile.

An Aimsir Ghnáthchaite

	Beir	Déan	Feic
1 uatha	bheirinn	dhéanainn	d'fheicinn
2 uatha	bheirteá	dhéantá	d'fheicteá
3 uatha	bheireadh sé, sí	dhéanadh sé, sí	d'fheiceadh sé, sí
1 iolra	bheirimis	dhéanaimis	d'fheicimis
2 iolra	bheireadh sibh	dhéanadh sibh	d'fheiceadh sibh
3 iolra	bheiridís	dhéanaidís	d'fheicidís
Saorbhr.	bheirtí	dhéantaí	d'fheictí

	Ith	Tabhair	Tar
1 uatha	d'ithinn	thugainn	thagainn
2 uatha	d'iteá	thugtá	thagtá
3 uatha	d'itheadh sé, sí	thugadh sé, sí	thagadh sé, sí
1 iolra	d'ithimis	thugaimis	thagaimis
2 iolra	d'itheadh sibh	thugadh sibh	thagadh sibh
3 iolra	d'ithidís	thugaidís	thagaidís
Saorbhr.	d'ití	thugtaí	thagtaí

	Téigh	Clois / Cluin
1 uatha	théinn	chloisinn / chluininn
2 uatha	théiteá	chloisteá / chluinteá
3 uatha	théadh sé, sí	chloiseadh / chluineadh sé, sí
1 iolra	théimis	chloisimis / chluinimis
2 iolra	théadh sibh	chloiseadh / chluineadh sibh
3 iolra	théidís	chloisidís / chluinidís
Saorbhr.	théití	chloistí / chluintí

	Abair	Faigh
1 uatha	deirinn	d'fhaighinn
2 uatha	deirteá	d'fhaighteá
3 uatha	deireadh sé, sí	d'fhaigheadh sé, sí
1 iolra	deirimis	d'fhaighimis
2 iolra	deireadh sibh	d'fhaigheadh sibh
3 iolra	deiridís	d'fhaighidís
Saorbhr.	deirtí	d'fhaightí

Tá an aimsir ghnáthchaite bunaithe ar fhréamh na haimsire láithrí.

Is ionann deirí do na briathra mírialta seo uile agus don bhriathar rialta Roinn 1 (a) ach amháin i gcás téigh, ar bhealach.

NÓTA: ní shéimhítear túslitir abair nuair a thagann an mhír dhiúltach ní nó aon mhír eile a shéimhíonn roimpi.

148

An Modh Ordaitheach

	Beir	**Déan**	**Feic**
1 uatha	beirim	déanaim	feicim
2 uatha	beir	déan	feic
3 uatha	beireadh sé, sí	déanadh sé, sí	feiceadh sé, sí
1 iolra	beirimis	déanaimis	feicimis
2 iolra	beirigí	déanaigí	feicigí
3 iolra	beiridís	déanaidís	feicidís
Saorbhr.	beirtear	déantar	feictear

	Ith	**Tabhair**	**Tar**
1 uatha	ithim	tugaim	tagaim
2 uatha	ith	tabhair	tar
3 uatha	itheadh sé, sí	tugadh sé, sí	tagadh sé, sí
1 iolra	ithimis	tugaimis	tagaimis
2 iolra	ithigí	tugaigí	tagaigí
3 iolra	ithidís	tugaidís	tagaidís
Saorbhr.	itear	tugtar	tagtar

NÓTA: tabhair faoi deara foirm 2 uatha tar agus tabhair.

	Téigh	**Clois / Cluin**
1 uatha	téim	cloisim / cluinim
2 uatha	téigh	clois / cluin
3 uatha	téadh sé, sí	cloiseadh / cluineadh sé, sí
1 iolra	téimis	cloisimis / cluinimis
2 iolra	téigí	cloisigí / cluinigí
3 iolra	téidís	cloisidís / cluinidís
Saorbhr.	téitear	cloistear / cluintear

	Abair	**Faigh**
1 uatha	abraim	faighim
2 uatha	abair	faigh
3 uatha	abradh sé, sí	faigheadh sé, sí
1 iolra	abraimis	faighimis
2 iolra	abraigí	faighigí
3 iolra	abraidís	faighidís
Saorbhr.	abairtear	faightear

An Modh Foshuiteach Láithreach

	Beir	**Déan**	**Feic**
1 uatha	- beire mé	- déana mé	- feice mé
2 uatha	- beire tú	- déana tú	- feice tú
3 uatha	- beire sé, sí	- déana sé, sí	- feice sé, sí
1 iolra	- beirimid	- déanaimid	- feicimid
2 iolra	- beire sibh	- déana sibh	- feice sibh
3 iolra	- beire siad	- déana siad	- feice siad
Saorbhr.	- beirtear	- déantar	- feictear

	Ith	**Tabhair**	**Tar**
1 uatha	- ithe mé	- tuga mé	- taga mé
2 uatha	- ithe tú	- tuga tú	- taga tú
3 uatha	- ithe sé, sí	- tuga sé, sí	- taga sé, sí
1 iolra	- ithimid	- tugaimid	- tagaimid
2 iolra	- ithe sibh	- tuga sibh	- taga sibh
3 iolra	- ithe siad	- tuga siad	- taga siad
Saorbhr.	- itear	- tugtar	- tagtar

	Téigh	**Clois / Cluin**
1 uatha	- té mé	- cloise / cluine mé
2 uatha	- té tú	- cloise / cluine tú
3 uatha	- té sé, sí	- cloise / cluine sé, sí
1 iolra	- téimid	- cloisimid / cluinimid
2 iolra	- té sibh	- cloise / cluine sibh
3 iolra	- té siad	- cloise / cluine siad
Saorbhr.	- téitear	- cloistear / cluintear

	Abair	**Faigh**
1 uatha	- deire mé	- faighe mé
2 uatha	- deire tú	- faighe tú
3 uatha	- deire sé, sí	- faighe sé, sí
1 iolra	- deirimid	- faighimid
2 iolra	- deire sibh	- faighe sibh
3 iolra	- deire siad	- faighe siad
Saorbhr.	- deirtear	- faightear

NÓTA: is ionann deirí do na briathra mírialta seo uile agus don bhriathar rialta Roinn 1 (a) ach amháin i gcás téigh, ar bhealach.

An Aidiacht Bhriathartha agus An tAinm Briathartha

abair	→	ráite		abair	→	rá
beir	→	beirthe		beir	→	breith
clois	→	cloiste		clois	→	cloisteáil
cluin	→	cluinte		cluin	→	cluinstin
déan	→	déanta		déan	→	déanamh
faigh	→	faighte		faigh	→	fáil
feic	→	feicthe		feic	→	feiceáil
ith	→	ite		ith	→	ithe
tabhair	→	tugtha		tabhair	→	tabhairt
tar	→	tagtha		tar	→	teacht
téigh	→	dulta		téigh	→	dul

NA BRIATHRA A NÚSÁIDTEAR I AGUS AIDIACHTAÍ SEALBHACHA LEO

Na briathra atá i gceist: codladh, cónaí, dúiseacht, luí, seasamh, suí.

Seo a leanas mar a chaitear leo:

BÍ	ainmní	i (réamhfh.)	aid. shealbh.	ainm br.
tá	mé	i	mo	chodladh
níl	tú	i	do	chónaí
bhí	sé	ina		dhúiseacht
ní raibh	sí	ina		luí
beimid		inár		seasamh
bhíodh	sibh	in	bhur	suí
an bhfuil	siad	ina		gcodladh?

AN BRIATHAR BÍ [TO BE]

An Aimsir Láithreach

	Deimhneach	Diúltach	Tar éis na míreanna an / go / nach
1 uatha	táim / tá mé	nílim / níl mé	- bhfuilim / - bhfuil mé
2 uatha	tá tú	níl tú	- bhfuil tú
3 uatha	tá sé, sí	níl sé, sí	- bhfuil sé, sí
1 iolra	táimid	nílimid	- bhfuilimid
2 iolra	tá sibh	níl sibh	- bhfuil sibh
3 iolra	tá siad	níl siad	- bhfuil siad
Saorbhr.	táthar	níltear	- bhfuiltear

NÓTA: táthaítear an mhír dhiúltach ní leis na foirmeacha briathartha.

An Aimsir Ghnáthláithreach

Ní hionann agus briathra uile eile na Gaeilge, tá aimsir láithreach ar leith ag an mbriathar substainteach, mar atá, an aimsir ghnáthláithreach, a chuireann gníomhaíocht leanúnach san aimsir láithreach in iúl.

	Deimhneach	Tar éis na míre diúltaí ní	Tar éis na míreanna an / go / nach
1 uatha	bím	- bhím	- mbím
2 uatha	bíonn tú	- bhíonn tú	- mbíonn tú
3 uatha	bíonn sé, sí	- bhíonn sé, sí	- mbíonn sé, sí
1 iolra	bímid	- bhímid	- mbímid
2 iolra	bíonn sibh	- bhíonn sibh	- mbíonn sibh
3 iolra	bíonn siad	- bhíonn siad	- mbíonn siad
Saorbhr.	bítear	- bhítear	- mbítear

NÓTA: baintear úsáid as an gcríoch choibhneasta - ío(nn)s i gCúige Uladh agus i gCúige Chonnacht.

An Aimsir Chaite

	Deimhneach	Tar éis na míreanna ní / an / go / nach
1 uatha	bhí mé	- raibh mé
2 uatha	bhí tú	- raibh tú
3 uatha	bhí sé, sí	- raibh sé, sí
1 iolra	bhíomar	- rabhamar
2 iolra	bhí sibh	- raibh sibh
3 iolra	bhí siad	- raibh siad
Saorbhr.	bhíothas	- rabhthas

An Aimsir Fháistineach

	Deimhneach	Tar éis na míre diúltaí ní	Tar éis: an / go / nach
1 uatha	beidh mé	- bheidh mé	- mbeidh mé
2 uatha	beidh tú	- bheidh tú	- mbeidh tú
3 uatha	beidh sé, sí	- bheidh sé, sí	- mbeidh sé, sí
1 iolra	beimid	- bheimid	- mbeimid
2 iolra	beidh sibh	- bheidh sibh	- mbeidh sibh
3 iolra	beidh siad	- bheidh siad	- mbeidh siad
Saorbhr.	beifear	- bheifear	- mbeifear

NÓTA: baintear úsáid as an gcríoch choibhneasta - eas i gCúige Uladh agus i gCúige Chonnacht.

An Modh Coinníollach

	Deimhneach	Tar éis na míre diúltaí ní	Tar éis: an / go / nach
1 uatha	bheinn	- bheinn	- mbeinn
2 uatha	bheifeá	- bheifeá	- mbeifeá
3 uatha	bheadh sé, sí	- bheadh sé, sí	- mbeadh sé, sí
1 iolra	bheimis	- bheimis	- mbeimis
2 iolra	bheadh sibh	- bheadh sibh	- mbeadh sibh
3 iolra	bheidís	- bheidís	- mbeidís
Saorbhr.	bheifí	- bheifí	- mbeifí

An Aimsir Ghnáthchaite

	Deimhneach	Tar éis na míre diúltaí ní	Tar éis: an / go / nach
1 uatha	bhínn	- bhínn	- mbínn
2 uatha	bhíteá	- bhíteá	- mbíteá
3 uatha	bhíodh sé, sí	- bhíodh sé, sí	- mbíodh sé, sí
1 iolra	bhímis	- bhímis	- mbímis
2 iolra	bhíodh sibh	- bhíodh sibh	- mbíodh sibh
3 iolra	bhídís	- bhídís	- mbídís
Saorbhr.	bhítí	- bhítí	- mbítí

An Modh Ordaitheach   An Modh Foshuiteach Láithreach

	An Modh Ordaitheach	An Modh Foshuiteach Láithreach
1 uatha	bím	- raibh mé
2 uatha	bí	- raibh tú
3 uatha	bíodh sé, sí	- raibh sé, sí
1 iolra	bímis	- rabhaimid
2 iolra	bígí	- raibh sibh
3 iolra	bídís	- raibh siad
Saorbhr.	bítear	- rabhthar

An tAinm Briathartha: bheith

Úsáid an Bhriathair bí

Úsáidtear é leis an réamhfhocal ag le seilbh a chur in iúl (mar aistriú ar an mbriathar Béarla *to have*):

tá carr agam	*I have a car*
níl cat agat	*you don't have a cat*
an bhfuil pingin aige?	*has he got a penny?*
an raibh peann aici?	*did she have a pen?*
bhí sos fada againn	*we had a long break*
ní raibh saoire agaibh	*you had no holiday*
beidh beagán airgid acu	*they will have a little money*
beidh an leabhar ag Seán	*John will have the book*

Úsáidtear é leis an abairt a fhios (lit. its knowledge) + ag mar aistriú ar an mbriathar Béarla *to know*.

tá a fhios agat sin	*you know that*
ní raibh a fhios agam faoi	*I didn't know about it*

Úsáidtear é leis an réamhfhocal i agus aidiacht shealbhach chuí ina dhiaidh lena chur in iúl go bhfuil ainmfhocal nó forainm ina ainmfhocal eile:

tá mé i mo mhúinteoir	*I am a teacher*
níl tú i do gharda	*you are not a guard*
bhí Seán ina chladhaire	*John was a coward*
bhí Máire ina dochtúir	*Mary was a doctor*
tá siad ina gcleasaithe	*they are tricksters*

Úsáidtear é chun aimsir / gníomhú leanúnach a chur in iúl:

tá sé ag obair	*he is working*
bhí sé ag ithe	*he was eating*

Úsáidtear é le réamhfhocail éagsúla le suíomh nó láthair a chur in iúl:

bhí sé ar an mbord	*it was on the table*
níl sé faoin leaba	*it is not under the bed*
beidh siad san abhainn	*they will be in the river*

Úsáidtear é le chomh + aidiacht in abairt den chineál seo a leanas m. sh. as ...(aid.)...as:

tá sé chomh mór le cnoc	*it is as big as a hill*
tá sé chomh ramhar le muc	*he is as fat as a pig*

Úsáidtear é le ar + ainmfhoca(i)l agus breischéim na haidiachta in abairt den chineál seo a leanas: *the* + {aid. + -*est*} + ainmfh. nó *one of the* {aid. + -*est*} + ainmfh.

tá sé ar an duine is cliste sa rang	*he is the cleverest in the class*
bhí sé ar an bpáiste ba shalaí ansin	*he was the dirtiest child there*
tá sé ar (dhuine de) na daoine is fearr sa rang	*he is one of the best people in the class*
níl sí ar (bhean de) na mná is áille	*she is not one of the most beautiful women*

Úsáidtear é le pointe ama nó sonra meáchain / luacha / tomhais a chur in iúl:

tá sé a naoi a chlog	*it is nine o'clock*
tá sí deich mbliana d'aois	*she is ten years old*
tá sé cloch mheáchain	*it weighs a stone*
tá sé slat ar leithead	*it is a yard in width*
bhí sé cúig pingine	*it cost five pence*

Úsáidtear é le go le dobhriathar a dhéanamh d'aidiacht:

tá sé go breá inniu	*it is fine today*
bhí sé go maith inné	*he was well yesterday*
tá an aimsir go dona	*the weather is awful*

Úsáidtear é le forainmneacha réamhfhoclacha éagsúla + ainm briathartha chun bríonna éagsúla a chur in iúl:

bhí orthu imeacht	*they had to leave*
tá agam le jab a dhéanamh	*I have to do a job*
bhí faoi fanacht ann	*he intended to stay there*

Úsáidtear é leis an dobhriathar ann lena chur in iúl go bhfuil rud srl. ann:

bhí fear ann fadó	*there was a man once*
tá aimsir bhreá ann	*the weather is great*

URÚ AR AN MBRIATHAR

Uraítear túslitir an bhriathair:

(a) tar éis na míreanna agus na gcónasc seo a leanas: an, go, nach, cá, dá, mura, sula:

an bhfuil tú go maith?	*are you well?*
abair liom go dtiocfaidh tú	*tell me that you will come*
nach gcloiseann tú mé?	*don't you hear me?*
cá n-itheann tú do chuid bia?	*where do you eat your food?*
dá n-imeodh sé, bheinn sásta	*if he left, I would be happy*
mura bhfuil tú sásta leis sin,	*if you're not happy with that, so*
bíodh agat!	*be it!*
críochnaigh an obair sula bhfága	*finish the work before you leave*
tú an teach!	*the house!*

NÓTA: ní chuireann an urú ar thúsghuta:

an ólann tú bainne?	*do you drink milk?*

(b) tar éis na míre coibhneasta indírí a:

an fear a bhfuil an t-airgead aige	*the man who has the money*
cad faoi a mbíonn tú ag caint?	*what do you talk about?*
an fear a ndeachaigh a mhac	*the man whose son went to*
go Sasana	*England*
cén áit a dtéann sí?	*where does she go?*
cén chaoi a bhfuil tú?	*how are you?*
cén fáth a ndearnadh é sin?	*why was that done?*
fan mar a bhfuil tú!	*stay where you are!*

NÓTA: san áireamh sa chás seo freisin tá a (= *all that*) agus dá (< de / do + a):

sin a bhfaca mé an oíche sin	*that is all I saw that night*
an duine is cróga dá bhfuil ann	*the bravest person there is*

Uraítear túslitir an bhriathair mhírialta faigh tar éis na míre diúltaí ní sa mhodh coinníollach, san aimsir fháistineach agus san aimsir chaite.

ní bhfaighidh sí	*she won't get*
ní bhfaigheadh sé	*he wouldn't get*
ní bhfuair mé	*I didn't get*

158

SÉIMHIÚ AR AN mBRIATHAR

Séimhítear túslitir an bhriathair:

(a) i bhfoirmeacha neamhspleácha an bhriathair san aimsir chaite agus ghnáthchaite agus sa mhodh coinníollach:

       chuir mé   chuirinn   chuirfinn

Eisceachtaí:
Na haimsirí sin i gcás an bhriathair abair; aimsir chaite i gcás an bhriathair faigh; saorbhriathar, aimsir chaite i gcás na mbriathra uile ach amháin leis na foirmeacha briathartha mírialta: bhíothas, chonacthas, chualathas, chuathas, thángthas

      dúirt mé
      deirinn
      déarfainn
      fuair mé
      moladh é

(b) tar éis na míre coibhneasta dírí a agus na míreanna agus na gcónasc seo a leanas, a leanann an mhír choibhneasta dhíreach a a mbunús: *cad / céard, cathain, *cé, cén uair, conas, má, mar (= *as, how*), nuair, ó:

cad a cheapann tú?	*what do you think?*
cathain a thiocfaidh sé?	*when will he come?*
cé a dhéanann an obair?	*who does the work?*
cén uair a fhillfidh sé?	*when will he return?*
conas a dhéanfaidh sé é?	*how will he do it?*
má thagann sé in am	*if he comes on time*
mar a thuigimid uilig	*as we all understand*
nuair a fhágann sí an baile	*when she leaves home*
ó cheapann tú é sin	*since you think that*

Eisceachtaí: mar atá faoi **(a)** thuas.

NÓTA: *ach amháin nuair a thagann forainm réamhfhoclach go díreach ina dhiaidh.

(c)   ar lorg na míre diúltaí ní:

ní chuireann / chuirfidh / chuirfeadh / chuireadh

Eisceachtaí:
Na haimsirí uile i gcás an bhriathair abair:

ní deir / deireadh / déarfaidh / déarfadh / dúirt

aimsir chaite agus fháistineach agus modh coinníollach i gcás an bhriathair faigh (urú a bhíonn i gceist):

ní bhfaighidh / bhfuair / bhfaigheadh

(d)   ar lorg na míreanna níor, char, ar, gur, nár, cár, murar, sular agus na míre coibhneasta indírí ar:

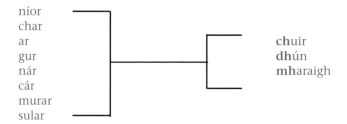

níor
char
ar
gur
nár
cár
murar
sular

chuir
dhún
mharaigh

AN CHOPAIL IS

Tá dhá phríomhaimsir ag an gcopail, mar atá, an aimsir láithreach / fháistineach **agus** an aimsir chaite / modh coinníollach. Is annamh a úsáidtear an modh foshuiteach láithreach i gcás na copaile.

Aimsir Láithreach (/ Fháistineach)

	Deimhneach	Diúltach	Ceisteach Deimhneach	Diúltach
Neamhspleách	is	ní	an	nach
Spleách	gur(*b)	nach		
Coibhneasta				
Díreach	is	nach		
Indíreach	ar(*b)	nach		

*NÓTA: is iondúil go n-úsáidtear na foirmeacha a chríochnaíonn ar b roimh fhocail dar túslitir guta.

NÓTA: ní hionann agus i gcás briathra eile, ní úsáidtear míreanna briathartha (diúltach, ceisteach srl.) ar leith leis an gcopail ach táthaítear iad le foirmeacha éagsúla na copaile.

NÓTA: cuireann ní h roimh na forainmneacha é, í, iad, ea agus roimh aidiachtaí agus roinnt ainmfhocal dar tús guta.

Foirmeacha na Copaile le Cónaisc

cá	→	cár(*b)	cárb as é?	*where is he from?*
do	→	dar(*b)	fear darb ainm Seán	*a man called John*
má	→	más	más fíor é	*if it is true*
mura	→	mura(*b)	mura miste leat é	*if you don't mind*
ó	→	ós	ós é a rinne é	*since he did it*

*NÓTA: is iondúil go n-úsáidtear na foirmeacha a chríochnaíonn ar b roimh fhocail dar túslitir guta.

tá a fhios agam gurb é Séamas a dhéanann an obair
I know that it is James who does the work

Aimsir Chaite agus Modh Coinníollach

	Deimhneach	Diúltach	Ceisteach Deimhneach	Diúltach
Neamhspleách	ba / b'	níor(bh)	ar(bh)	nár(bh)
Spleách	gur(bh)	nár(bh)	—	—
Coibhneasta				
Díreach	ba / ab	nár(bh)	—	—
Indíreach	ar(bh)	nár(bh)	—	—

Foirmeacha na Copaile le Cónaisc

cá	→	cár(bh)	cárbh as é?	*where was he from?*
cé	→	cér(bh)	cérbh í?	*who was she?*
dá	→	dá mba	dá mba liom é	*if it were mine*
do	→	dar(bh)	fear darbh ainm Pól	*a man called Paul*
má	→	má ba	má b'fhíor sin	*if that was true*
mura	→	murar(bh)	murar bhréag é	*if it wasn't a lie*
ó	→	ó ba	ó b'fhearr leat é	*since you preferred it*

NÓTA: úsáidtear na foirmeacha a chríochnaíonn ar bh roimh fhocail dar túslitir guta nó fh + guta:

> tá a fhios agam gurbh fhearr leis imeacht
> *I know that he would prefer to go*

NÓTA: athraítear an fhoirm dheimhneach neamhspleách ó ba → b' roimh fhocail dar túslitir guta (ach amháin é, í, iad, ea) nó fh + guta:

> b'ait liom é sin *I thought that strange*
> b'fhearr liom imeacht *I would prefer to leave*

Athraítear an fhoirm choibhneasta dheimhneach ba → ab roimh fhocail dar túslitir guta nó fh + guta:

> an bhean ab áille *the most beautiful woman*
> an lá ab fhearr *the best day*

NÓTA: sa mhodh coinníollach / san aimsir chaite, séimhiú ar lorg na copaile:

> ba / níor / ar srl. bhreá an duine é?
> *he was / wasn't, was he* etc. *a great person* ?

An Modh Foshuiteach Láithreach

Deimhneach	Diúltach
gura(*b)	nára(*b)

NÓTA: is iondúil go n-úsáidtear na foirmeacha a chríochnaíonn ar b roimh fhocail dar túslitir guta:

gurab amhlaidh duit!   *the same to you!*

Úsáid na Copaile

Is minic a úsáidtear an chopail lena chur in iúl go bhfuil ainmfhocal nó forainm ina ainmfhocal / fhorainm eile. Abairt aicme a thugtar ar a leithéid seo d'abairt:

is buachaill (maith) é	*he is a (good) boy*
ní daoine bochta iad	*they are not poor people*
an amadán é?	*is he a fool?*
creidim gur cleasaí é	*I believe he is a trickster*
is feirmeoirí iad na fir sin	*those men are farmers*
dá mba mise thusa	*if I were you*
is Éireannach é	*he is an Irishman*

Cuireann an chopail úinéireacht nó seilbh in iúl nuair a thagann an réamhfhocal le go díreach ar a lorg:

an leat an leabhar?	*do you own the book?*
ní liom an t-airgead	*the money is not mine*
nach le Máire é?	*isn't it Mary's?*

Úsáidtear an chopail le béim a chur ar chuid ar bith den abairt. Ina leithéid de chás, cuirtear an fhaisnéis a gcuirtear béim uirthi ag tús na habairte go díreach ar lorg na copaile:

is é Seán a chuaigh amach	*John went out*
an abhaile a chuaigh sé?	*did he go home?*
nach tú a rinne é?	*didn't you do it?*
nach tinn atá sí?	*isn't she sick?*
ní leatsa an t-airgead	*the money isn't yours*
ba bhreá an fear é	*he was a fine man*

Úsáidtear an chopail in abairtí breischéime agus sárchéime:

is fearr Seán ná Séamas	*John is better than James*
is í Máire is óige	*Mary is the youngest*
ba iad ab fhearr	*they were the best*

Úsáidtear an chopail le réimse focal (ainmfhocail, aidiachtaí srl.) agus le ar a lorg chun bríonna éagsúla a chur in iúl:

is cuimhin liom	*I remember*
is maith liom	*I like*
is cuma liom	*I don't care*
is mian liom	*I wish*
is dóigh liom	*I think*
is oth liom	*I regret*
is fuath liom	*I hate*

Nuair a úsáidtear cé gan bhriathar, bíonn an chopail intuigthe nuair a thagann go díreach ar a lorg forainm cuspóireach, an t-alt nó seo, sin, siúd:

cé (hé) sin?	*who is that?*
cén bhean (í) seo?	*who is this woman?*
cé hiad na daoine sin?	*who are those people?*

Nuair a úsáidtear cad gan bhriathar, bíonn an chopail intuigthe nuair a thagann é go díreach ar a lorg:

cad é sin?	*what is that?*
cad é an t-am é?	*what time is it?*
cad é an mhaith é?	*what good is it?*

CÓNAISC AGUS MÍREANNA BRIATHARTHA

Má

Leis an aimsir láithreach agus chaite is minice a úsáidtear má. Nuair is ciall fháistineach atá i gceist ar lorg má, baintear úsáid as an bhfoirm láithreach den bhriathar:

má thagann sé amárach   *if he comes tomorrow*

Nuair is ciall fháistineach atá i gceist i gcás an bhriathair shubstaintigh ar lorg má, baintear úsáid as an bhfoirm ghnáthláithreach den bhriathar:

má bhíonn sé i láthair amárach   *if he is present tomorrow*

Séimhiú ar a lorg ach amháin:

(a)   tá: má tá an ceart aige

(b)   foirmeacha sin an bhriathair mhírialta abair a mbíonn d mar thúslitir orthu:

         má deir / deireadh / dúirt sé

(c)   fuair: má fuair sé (m. sh. aimsir chaite amháin i gcás faigh)

(d)   saorbhriathar, aimsir chaite leis na briathra rialta uile agus le cuid de na briathra mírialta:

         má cuireadh, má moladh, má fágadh, má tugadh

Leanann an fhoirm neamhspleách den bhriathar é agus, i gcás na mbriathra sin a bhfuil guta nó f mar thúslitir acu agus a gcuirtear d' rompu san aimsir chaite agus ghnáthchaite, ní théann aon athrú ar an d':

má d'ól/d'óladh sé   má d'fhan/d'fhanadh sé
má chuireann/chuireadh/chuir sé   má dhúnann/dhúnadh/dhún sí

Táthaítear má leis an gcopail is agus faightear más:

más maith leat   más fíor é

Dá

Úsáidtear é leis an modh coinníollach agus foshuiteach caite amháin.

Cuireann sé urú ar thúslitir agus tagann an fhoirm spleách den bhriathar ar a lorg:

dá mbeadh sé	*if he were*
dá gceannódh sé	*if he bought / were to buy*
dá n-ólfadh sé	*if he drank / were to drink*
dá bhfágfadh sé	*if he left / were to leave*

CÓNAISC SHIMPLÍ

Seo a leanas liosta cónasc a úsáidtear go minic:

mar / nó / óir *for*

óir is tú a rinne é	*for it is you who did it*
nó tiocfaidh an lá sa deireadh	*for the day will finally come*
mar dá bhfeicfinn é	*for if I had seen him*

MÍREANNA DEIMHNEACHA BRIATHARTHA

An

Úsáidtear í le gach briathar i ngach aimsir ach amháin:

(a) an modh ordaitheach agus foshuiteach láithreach.
(b) aimsir chaite na mbriathra rialta uile agus na mbriathra mírialta beir, clois / cluin, ith, tabhair, tar.

Cuireann sí urú ar thúslitir agus tagann an fhoirm spleách den bhriathar ar a lorg:

an gcuireann / gcuirfidh / gcuireadh / gcuirfeadh sé?
an ndéanann / ndéanfaidh / ndéanadh / ndéanfadh / ndearna sé?
an bhfágann / bhfágfaidh / bhfágadh / bhfágfadh sé?
an ólann / ólfaidh / óladh / ólfadh sé?

NÓTA: ní leanann urú an nuair is guta an túslitir.

Ar

Úsáidtear í san aimsir chaite amháin le gach briathar rialta agus leis na briathra mírialta beir, clois / cluin, ith, tabhair, tar.

Cuireann sí séimhiú ar thúslitir agus tagann an fhoirm spleách den bhriathar ar a lorg:

ar chuir sí?   ar fhág sí?   ar ól sí?   ar ith sí?

NÓTA: ní shéimhíonn sí túschonsan an tsaorbhriathair san aimsir chaite i gcás na mbriathra rialta ná i gcás tabhair:

ar cuireadh?   ar tugadh?

Go

Úsáidtear í le gach briathar i ngach aimsir ach amháin:

(a) an modh ordaitheach.
(b) aimsir chaite na mbriathra rialta uile agus na mbriathra mírialta beir, clois / cluin, ith, tabhair, tar.

Cuireann sí urú ar thúslitir agus tagann an fhoirm spleách den bhriathar ar a lorg:

go gcuireann / gcuirfidh / gcuireadh / gcuirfeadh / gcuire sé
go ndéanann / ndéanfaidh / ndéanadh / ndéanfadh / ndearna / ndéana sé
go bhfágann / bhfágfaidh / bhfágadh / bhfágfadh / bhfága sé
go n-ólann / n-ólfaidh / n-óladh / n-ólfadh / n-óla sé

Gur

Úsáidtear í san aimsir chaite amháin le gach briathar rialta agus leis na briathra mírialta beir, clois / cluin, ith, tabhair, tar.

Cuireann sí séimhiú ar thúslitir agus tagann an fhoirm spleách den bhriathar ar a lorg:

gur chuir sí   gur fhág sí   gur ól sí   gur ith sí

NÓTA: ní shéimhíonn sí túschonsan an tsaorbhriathair san aimsir chaite i gcás na mbriathra rialta ná i gcás tabhair:

gur cuireadh   gur tugadh

Sula

Úsáidtear é le gach briathar i ngach aimsir ach amháin:

(a) an modh ordaitheach.

(b) aimsir chaite na mbriathra rialta uile agus na mbriathra mírialta beir, clois / cluin, ith, tabhair, tar.

Cuireann sé urú ar thúslitir agus tagann an fhoirm spleách den bhriathar ar a lorg:

sula gcuireann / **g**cuirfidh / **g**cuireadh / **g**cuirfeadh / **g**cuire sé
sula ndéanann / **n**déanfaidh / **n**déanadh / **n**déanfadh / **n**dearna / **n**déana sé
sula bhfágann / **bh**fágfaidh / **bh**fágadh / **bh**fágfadh / **bh**fága sé
sula n-ólann / **n-**ólfaidh / **n-**óladh / **n-**ólfadh / **n-**óla sé

Sular

Úsáidtear é san aimsir chaite amháin le gach briathar rialta agus leis na briathra mírialta beir, clois / cluin, ith, tabhair, tar.

Cuireann sé séimhiú ar thúslitir agus tagann an fhoirm spleách den bhriathar ar a lorg:

sular chuir sí   **sular fh**ág sí   **sular ó**l sí   **sular i**th sí

NÓTA: ní shéimhíonn sé túschonsan an tsaorbhriathair san aimsir chaite i gcás na mbriathra rialta ná i gcás tabhair:

sular cuireadh   **sular** tugadh

Mura

Úsáidtear é le gach briathar i ngach aimsir ach amháin:

(a) an modh ordaitheach.
(b) aimsir chaite na mbriathra rialta uile agus na mbriathra mírialta
beir, clois / cluin, ith, tabhair, tar.

Cuireann sé urú ar thúslitir agus tagann an fhoirm spleách den bhriathar ar a lorg:

mura gcuireann / gcuirfidh / gcuireadh / gcuirfeadh / gcuire sé
mura ndéanann/ndéanfaidh/ndéanadh/ndéanfadh/ndearna/ndéana sé
mura bhfágann / bhfágfaidh / bhfágadh / bhfágfadh / bhfága sé
mura n-ólann / n-ólfaidh / n-óladh / n-ólfadh / n-óla sé

NÓTA: táthaítear é leis an gcopail → mura (murab roimh ghutaí) san aimsir láithreach / fháistineach agus murar (murarbh roimh ghutaí) sa mhodh coinníollach agus san aimsir chaite.

Murar

Úsáidtear é san aimsir chaite amháin le gach briathar rialta agus leis na briathra mírialta beir, clois / cluin, ith, tabhair, tar.

Cuireann sé séimhiú ar thúslitir agus tagann an fhoirm spleách den bhriathar ar a lorg:

murar chuir sí   **murar** fhág sí   **murar** ól sí   **murar** ith sí

NÓTA: ní shéimhíonn sé túschonsan an tsaorbhriathair san aimsir chaite i gcás na mbriathra rialta ná i gcás tabhair:

murar cuireadh   **murar** tugadh

Cá

Úsáidtear é le gach briathar i ngach aimsir ach amháin:

(a) an modh ordaitheach agus foshuiteach láithreach.
(b) aimsir chaite na mbriathra rialta uile agus na mbriathra mírialta beir, clois / cluin, ith, tabhair, tar.

Cuireann sé urú ar thúslitir agus tagann an fhoirm spleách den bhriathar ar a lorg:

cá gcuireann / gcuirfidh / gcuireadh / gcuirfeadh sé
cá ndéanann / ndéanfaidh / ndéanadh / ndéanfadh / ndearna sé?
cá bhfágann / bhfágfaidh / bhfágadh / bhfágfadh sé?
cá n-ólann / n-ólfaidh / n-óladh / n-ólfadh sé?

Cár

Úsáidtear é san aimsir chaite amháin le gach briathar rialta agus leis na briathra mírialta beir, clois / cluin, ith, tabhair, tar.

Cuireann sé séimhiú ar thúslitir agus tagann an fhoirm spleách den bhriathar ar a lorg:

cár chuir sí?   cár fhág sí?   cár ól sí?   cár ith sí?

NÓTA: ní shéimhíonn sé túschonsan an tsaorbhriathair san aimsir chaite i gcás na mbriathra rialta ná i gcás tabhair:

cár cuireadh?   cár tugadh?

MÍREANNA DIÚLTACHA BRIATHARTHA

Ná

Úsáidtear an mhír seo leis an modh ordaitheach amháin.

Cuireann sí h roimh thúsghutaí.

| ná mol! | *don't praise!* | ná fág! | *don't leave!* |
| ná hith! | *don't eat!* | | |

Ní

Úsáidtear í le gach briathar i ngach aimsir ach amháin:

(a) an modh ordaitheach agus foshuiteach láithreach.
(b) aimsir chaite na mbriathra rialta uile agus na mbriathra mírialta beir, clois / cluin, ith, tabhair, tar.

Cuireann sí séimhiú ar thúslitir agus tagann an fhoirm spleách den bhriathar ar a lorg:

ní chuireann / chuirfidh / chuireadh / chuirfeadh sé
ní dhéanann / dhéanfaidh / dhéanadh / dhéanfadh / dhearna sé
ní fhágann / fhágfaidh / fhágadh / fhágfadh sé
ní ólann / ólfaidh / óladh / ólfadh sé

Eisceachtaí:
Cuireann sí urú ar thúslitir an bhriathair mhírialta faigh san aimsir fháistineach, chaite agus sa mhodh coinníollach:

ní bhfaighidh / bhfaigheadh / bhfuair sé

Ní chuireann sí aon athrú ar fhoirmeacha sin an bhriathair mhírialta abair a thosaíonn le d:

ní deir / déarfaidh / deireadh / déarfadh / dúirt sé

Níor

Úsáidtear í san aimsir chaite amháin le gach briathar rialta agus leis na briathra mírialta beir, clois / cluin, ith, tabhair, tar.

Cuireann sí séimhiú ar thúslitir agus tagann an fhoirm spleách den bhriathar ar a lorg:

níor chuir sí   níor fhág sí   níor ól sí   níor ith sí

NÓTA: ní shéimhíonn sí túschonsan an tsaorbhriathair san aimsir chaite i gcás na mbriathra rialta ná i gcás tabhair:

níor moladh   níor tugadh

Nach

Úsáidtear í le gach briathar i ngach aimsir ach amháin:

(a) an modh ordaitheach agus foshuiteach láithreach.
(b) aimsir chaite na mbriathra rialta uile agus na mbriathra mírialta beir, clois / cluin, ith, tabhair, tar.

Cuireann sí urú ar thúslitir agus tagann an fhoirm spleách den bhriathar ar a lorg:

nach gcuireann / gcuirfidh / gcuireadh / gcuirfeadh sé
nach ndéanann / ndéanfaidh / ndéanadh / ndéanfadh / ndearna sé
nach bhfágann / bhfágfaidh / bhfágadh / bhfágfadh sé
nach n-ólann / n-ólfaidh / n-óladh / n-ólfadh sé

Nár

Úsáidtear í san aimsir chaite amháin le gach briathar rialta agus leis na briathra mírialta beir, clois / cluin, ith, tabhair, tar. Úsáidtear í freisin leis an modh foshuiteach láithreach. Cuireann sí séimhiú ar thúslitir agus tagann an fhoirm spleách den bhriathar ar a lorg:

nár chuir sí   nár fhág sí   nár ól sí   nár ith sí   nár fheice tú!

NÓTA: ní shéimhíonn sí túschonsan an tsaorbhriathair san aimsir chaite i gcás na mbriathra rialta ná i gcás tabhair:

nár cuireadh   nár tugadh

Cha

Is minic a bhaintear úsáid as mír dhiúltach bhriathartha ar leith, mar atá, cha, i gceantair éagsúla i gCúige Uladh.

Úsáidtear í le chuile bhriathar i ngach uile aimsir ach amháin:

(a) sa mhodh ordaitheach agus sa mhodh foshuiteach láithreach.

(b) san aimsir chaite i gcás na mbriathra rialta uile agus na mbriathra mírialta beir, clois / cluin, ith, tabhair, tar.

(c) san aimsir fháistineach. Le ciall fháistineach a chur in iúl tar éis cha, úsáidtear an fhoirm láithreach den bhriathar agus, i gcás an bhriathair bí, úsáidtear an aimsir ghnáthláithreach den bhriathar.

Séimhíonn sí na túschonsain b, c, f, g, m, p, s. Déantar chan di roimh ghutaí nó f + guta ag tús focail:

cha chuireann / chuireadh / chuirfeadh sé
chan fhágann / fhágadh / fhágfadh sé
chan ólann / óladh / ólfadh sé

NÓTA: i gcanúintí Ultacha éagsúla athraíonn na rialacha i gcás séimhithe agus uraithe tar éis cha.

Char

Ní bhaintear úsáid as char ach amháin san aimsir chaite le chuile bhriathar rialta agus leis na briathra mírialta beir, clois / cluin, ith, tabhair, tar.

Leanann séimhiú í agus tógann sí an fhoirm spleách den bhriathar:

char chuir sí   **char** fhág sí   **char** ól sí   **char** ith sí

NÓTA: ní shéimhíonn sí túschonsan an tsaorbhriathair san aimsir chaite i gcás an bhriathair rialta ná i gcás an bhriathair mhírialta tabhair.

AN CLÁSAL COIBHNEASTA

AN CLÁSAL COIBHNEASTA DÍREACH

1 Faightear clásal coibhneasta díreach nuair atá an t-ainmfhocal a thagann ag tús na habairte (= **réamhtheachtaí** / *antecedent*) ina ainmní ag an mbriathar sa chlásal coibhneasta a leanann é.

> ainmfh. (ainmní) + mír choibhneasta dhíreach + briathar + (eile)

an fear a bhuail an cat	*the man who hit the cat*
an bhean a ólann an tae	*the woman who drinks the tea*
na daoine a imíonn abhaile go luath	*the people who go home early*

2 Faightear clásal coibhneasta díreach nuair atá an t-ainmfhocal a thagann ag tús na habairte (= **réamhtheachtaí** / *antecedent*) ina chuspóir díreach ag an mbriathar sa chlásal coibhneasta a leanann é.

> ainmfh. (cusp.) + mír choibhneasta dhíreach + briathar + ainmní + (eile)

an chulaith a cheannaigh mé	*the suit (which) I bought*
an t-airgead a chaithim gach lá	*the money (which) I spend every day*
an cluiche a fheicfimid amárach	*the game (that) we will see tomorrow*

3 Leanann clásal coibhneasta díreach nó indíreach am, lá, oíche, bliain nó ainmfhocail eile a chuireann am* in iúl:

cén lá a thagann / dtagann sé?	*(on) which day does he come?*
cén bhliain a / ar tharla sé sin?	*(in) what year did that happen?*
cén t-am a chonaic / bhfaca tú é?	*when did you see him?*

*NÓTA: tar éis uair úsáidtear clásal coibhneasta díreach i gcónaí:

cén uair a thiocfaidh sé?	*when will he come?*

4   Leanann clásal coibhneasta díreach cá / cé mhéad, cá fhad, cathain, cén uair, conas, nuair **agus** mar (*like, how, as*).

cá mhéad duine a bhí ann?	*how many people were there?*
cathain a thiocfaidh sé anseo?	*when will he come here?*
cén uair a fheicfidh tú é?	*when will you see him?*
conas a dhéanfaidh sé sin?	*how will he do that?*
nuair a cheapaim an liathróid	*when I catch the ball*
rith sé mar a bheadh capall ann	*he ran like a horse*
cá fhad a chaitheann tú ansin gach lá?	*how long do you spend there every day?*

5   Leanann clásal coibhneasta díreach na míreanna ceisteacha cé, cad / céard nuair a thagann an mhír choibhneasta **go díreach** ina ndiaidh.

cé a chuaigh amach anois beag?	*who went out a while ago?*
cad a dhéanfaidh sé leis an airgead?	*what will he do with the money?*
cé a bhris an fhuinneog?	*who broke the window?*

6   Tar éis ainm theibí, is iondúil go mbíonn clásal coibhneasta díreach i gceist.

bhí iontas orm a laghad obair a rinne sé
I was amazed at the little amount of work (that) he did

chuir sé eagla orm a uaigní a bhí an choill
it frightened me how lonely the wood was

tá a fhios agam a fheabhas a d'éirigh leo
I know how well they got on

cá mhinice a théann tú ann?
how often do you go there?

is ionadh liom a dheacra atá sé
I am amazed at how difficult it is

Mír Choibhneasta Dhíreach (Dheimhneach)

a

Úsáidtear í i ngach aimsir (ach amháin an modh foshuiteach láithreach agus ordaitheach) le gach briathar. Séimhiú ar a lorg ach amháin:

(a) tá (NÓTA: táthaítear a le foirm láithreach an bhriathair seo m. sh. atá)
(b) foirmeacha sin an bhriathair mhírialta abair a mbíonn d mar thúslitir orthu
(c) aimsir chaite de faigh
(d) saorbhriathar, aimsir chaite na mbriathra rialta uile ach amháin na briathra mírialta bhíothas, chonacthas, chualathas, chuathas, thángthas
(e) briathra a gcuirtear d' rompu san aimsir chaite, ghnáthchaite agus sa mhodh coinníollach

> an fear **atá** ina chónaí anseo
> an té a **deir** / **deireadh** / **déarfaidh** / **déarfadh** / **dúirt** é sin
> an bhean a **fuair** an t-airgead
> an madra a **buaileadh** inné
> an páiste a **d'fhág** / **d'fhág(f)adh** an teach go luath
> an cat a **d'ith(eadh)** / **d'íosfadh** a dhinnéar

NÓTA: tar éis cad (é) / céard a leanann tá agus deir iad, fágtar ar lár an mhír choibhneasta dhíreach a:

cad (é) tá aige?	*what has he?*
cad (é) deir tú?	*what do you say?*
céard tá ort?	*what is wrong with you?*

Tar éis conas a leanann tá é, fágtar ar lár an mhír choibhneasta dhíreach a freisin:

conas tá sibh?	*how are you* (iolra)*?*

Mír Choibhneasta Dhíreach (Dhiúltach)

Nach

Úsáidtear í le gach briathar i ngach aimsir ach amháin:

(a) an modh ordaitheach agus foshuiteach láithreach.
(b) aimsir chaite na mbriathra rialta uile agus na mbriathra mírialta beir, clois / cluin, ith, tabhair, tar.

Cuireann sí urú ar thúslitir agus tagann an fhoirm spleách den bhriathar ar a lorg:

an fear **nach g**cuireann / **g**cuirfidh / **g**cuireadh / **g**cuirfeadh an madra amach
an máistir **nach nd**éanann / **nd**éanfaidh / **nd**éanadh / **nd**éanfadh / **nd**earna an obair
na daoine **nach bh**fágann / **bh**fágfaidh / **bh**fágadh / **bh**fágfadh an teach
na páistí **nach n**-ólann / **n**-ólfaidh / **n**-óladh / **n**-ólfadh an bainne

Nár

Úsáidtear í san aimsir chaite amháin le gach briathar rialta agus leis na briathra mírialta beir, clois / cluin, ith, tabhair, tar.

Cuireann sí séimhiú ar thúslitir agus tagann an fhoirm spleách den bhriathar ar a lorg:

an páiste dána **nár ch**uir sí amach
an scoil **nár fh**ág sí nuair a bhí sí óg
an bainne **nár** ól siad
an dinnéar **nár** ith tú

NÓTA: ní shéimhíonn sí túschonsan an tsaorbhriathair san aimsir chaite i gcás na mbriathra rialta ná i gcás tabhair.

an t-airgead **nár** caitheadh sa siopa
ní fiú éisteacht leis an bhfear **nár** moladh
chaith mé amach an bia **nár** tugadh do na madraí

Foirmeacha Coibhneasta Díreacha na Copaile

NÓTA: ní úsáidtear mír choibhneasta le haon fhoirm ar leith den chopail in aon aimsir.

AIMSIR LÁITHREACH / FHÁISTINEACH

Deimhneach	Diúltach
is	nach

sin (é) an rud **is** maith liom	sin rud **nach** ceart a rá
sin ceacht **is** furasta a dhéanamh	sin scéal **nach** ceart a lua
sin fear **is** sine ná é	sin dán **nach** cuimhin liom
Máire **is** ainm dom	
déan ceacht ar bith **is** mian leat	
is é Peadar an buachaill **is** dána	
feicim an té **is** athair duit	

AIMSIR CHAITE / MODH COINNÍOLLACH

Deimhneach	Diúltach
ba / *ab	nár(bh)

sin rud **ba** mhaith liom a fheiceáil	rud **nár** cheart a lua
an rud **ab** fhusa a dhéanamh	scéal **nárbh** fhíor
an té **ab** athair di	

NÓTA: athraíonn an fhoirm choibhneasta dheimhneach ba ➜ ab agus dhiúltach nár ➜ nárbh roimh ghutaí nó fh agus guta ar a lorg:

an bhean **ab** áille, an lá **ab** fhearr, an rud **nárbh** fhíor.

NÓTA: leanann séimhiú an chopail san aimsir chaite agus sa mhodh coinníollach:

ba / ab / nár(bh) **srl.**   rud nár cheart a rá

AN CLÁSAL COIBHNEASTA INDÍREACH

1 Leanann clásal coibhneasta indíreach na míreanna ceisteacha cé, cad / céard nuair a thagann forainm réamhfhoclach nó réamhfhocal comhshuite go díreach ina ndiaidh:

cé dó a dtugtar an t-airgead?	*to whom is the money given?*
cad / céard leis a nglantar é?	*with what is it cleaned?*
cad / céard faoi a mbíonn sibh ag magadh?	*about what do you joke? / are you joking?*
cé leis a raibh tú ag damhsa?	*with whom were you dancing?*
cé ina aghaidh a mbeidh sibh ag imirt?	*against whom will you play / be playing?*

2 Nuair a chiallaíonn an mhír choibhneasta *all that*, leanann clásal coibhneasta indíreach.

sin a bhfuil le rá agam leat	*that is all I have to say to you*
d'ól sé a bhfuair sé aréir	*he drank all he got last night*
caithfidh mé a bhfaighidh mé uaidh	*I'll spend all I'll get from him*
tar éis a ndearna mé ar do shon!	*after all I did for you!*

NÓTA: má thagann gach go díreach roimh an mír choibhneasta, clásal coibhneasta indíreach atá ann ach má thagann ainmfhocal ar lorg gach, clásal coibhneasta díreach atá i gceist ach amháin má thagann dá(r) ar a lorg:

gach a bhfuil le rá aige (gach rud atá le rá aige)	*all he has to say*
gach a bhfaighidh tú (gach rud a gheobhaidh tú)	*all you will get*
gach ar ól mé (gach rud a d'ól mé)	*all I drank*
gach pingin dá bhfuair sé	*every penny he got*
gach uair dár chuimhnigh sé air	*every time he remembered it*

3 Is iondúil go leanann clásal coibhneasta indíreach an áit / cén áit / cá háit a(r), an chaoi / cén chaoi a(r), an dóigh / cén dóigh a(r), an fáth / cén fáth a(r), cad chuige / tuige a(r).

sin (é) an áit a bhfuil an dochar	*that is where the harm is*
cén áit a bhfuil an deacracht?	*where is the difficulty?*
cá háit ar chaill sí an fáinne?	*where did she lose the ring?*
an chaoi a ndeirtear é sin	*the way that is said*
cén chaoi a bhfuil tú?	*how are you?*
an dóigh a ndéantar an obair anseo	*the way the work is done here*
cén dóigh ar éirigh leis sa scrúdú?	*how did he perform in the exam?*
cén fáth nach ndéanfá é sin?	*why wouldn't you do that?*
cad chuige a bhfuil tú ag rith?	*why are you running?*

4 Leanann clásal coibhneasta díreach nó indíreach am, lá, oíche, bliain nó ainmfhocail eile a chuireann am* in iúl.

cén lá a thagann / dtagann sé?	*(on) which day does he come?*
cén bhliain a / ar tharla sé sin?	*(in) what year did that happen?*
cén t-am a chonaic / bhfaca tú é?	*when did you see him?*

NÓTA: * tar éis uair, úsáidtear clásal coibhneasta díreach i gcónaí:

cén uair a thiocfaidh sé?	*when will he come?*

5 Tagann clásal coibhneasta indíreach i gceist in abairt den chineál seo a leanas:

ainmfh. + mír choibh. indír. + briath. + aid. shealbh. + ainmfh. + eile

an fear a bhfuil a iníon san otharlann
the man whose daughter is in the hospital

sin (í) **an bhean a ndeachaigh** a mac le leigheas
that is the woman whose son studied medicine

cá bhfuil an scannán **a bhfaca mé** a thús?
where is the film, the beginning of which I saw?

an buachaill **ar maraíodh** a athair
the boy whose father was killed

NÓTA: is ionann uimhir agus inscne don aid. shealbh. agus don ainmfhocal ag tús na habairte (= an **réamhtheachtaí**).

Seo clásal coibhneasta a mbíonn *whose, of which* ar a thús.

6 Tagann clásal coibhneasta indíreach i gceist in abairt den chineál seo a leanas:

ainmfh. + mír choibh. indír. + briath. + ainmfh. + forainm réamhfh.

an fear **a dtugaim** an t-airgead **dó**
the man to whom I give the money

na poill **a dtagann** na coiníní **astu**
the holes out of which the rabbits come

an bhean **a raibh mé** ag caint **léi**
the woman with whom I was talking

an chistin **a mbíonn** na páistí **inti**
the kitchen in which the children are

NÓTA: is ionann uimhir agus inscne don fhorainm réamhfhoclach agus don ainmfhocal ag tús na habairte (= an **réamhtheachtaí**).

Is féidir leagan gaolmhar den chineál seo clásail choibhneasta a fháil mar seo a leanas:

ainmfh. + {* réamhfh. + mír choibh. indír.} + briath. + ainmfh. + eile

na fir **lena raibh** mé ag caint
the men with whom I was talking

an chistin **as a dtagann** na páistí
the kitchen out of which the children come

an t-óstán **ina mbíonn** siad ag ól
the hotel in which they drink

an bord **ar a bhfuil** an cupán
the table on which the cup is

* Uaireanta táthaítear an mhír choibhneasta indíreach agus an réamhfhocal le chéile m. sh. lena(r), ina(r), uaireanta eile ní tháthaítear le chéile iad m. sh. as a(r), ar a(r) srl.

7   Tagann clásal coibhneasta indíreach i gceist nuair a thagann ag deireadh na habairte forainm a dhéanann tagairt d'ainmfhocal ag tús na habairte d'fhonn débhríocht a sheachaint:

> an gasúr **ar bhuail** an múinteoir é
> *the boy whom the teacher beat*

> an moltóir **a gcáineann** go leor daoine é
> *the referee whom many people blame*

8   Leanann clásal coibhneasta indíreach an dobhriathar mar nuair a chiallaíonn sé *where*.

> fan **mar a bhfuil** tú!
> *stay where you are!*

> gheobhaidh tú iad **mar ar chuir** tú iad
> *you'll get them where you put them*

Mír Choibhneasta Indíreach (Dheimhneach)

a

Úsáidtear í le gach briathar i ngach aimsir ach amháin:

(a) an modh ordaitheach agus foshuiteach láithreach.
(b) aimsir chaite na mbriathra rialta uile agus na mbriathra mírialta
beir, clois / cluin, ith, tabhair, tar.

Cuireann sí urú ar thúslitir agus tagann an fhoirm spleách den bhriathar ar
a lorg:

an bata a mbuailim / mbuailinn / mbuailfidh mé / mbuailfinn an madra leis
an duine a ndéanann / ndéanadh / ndéanfaidh / ndéanfadh sé coinne leis
an cupán a n-ólann / n-óladh / n-ólfaidh / n-ólfadh sí an bainne as

ar

Úsáidtear í san aimsir chaite amháin le gach briathar rialta agus leis na
briathra mírialta beir, clois / cluin, ith, tabhair, tar.

Cuireann sí séimhiú ar thúslitir agus tagann an fhoirm spleách den bhriathar
ar a lorg:

an bosca **ar chuir** mé i bhfolach ann é
the box in which I hid it

an fear **ar mharaigh** a mhac an capall
the man whose son killed the horse

an mháthair **ar ith** a hiníon a cuid milseán
the mother whose daughter ate her sweets

na daoine óga **ar fhág** a dtuismitheoirí an talamh acu
the young people whose parents left them the land

ní shéimhíonn sí túschonsan an tsaorbhriathair san aimsir chaite i gcás na mbriathra rialta ná i gcás tabhair.

an fear **ar maraíodh** a mhac
the man whose son was killed

an cupán **ar óladh** an t-uisce as
the cup out of which the water was drunk

an bhean **ar tugadh** drochíde dá fear
the woman whose husband was abused

Mír Choibhneasta Indíreach (Dhiúltach)

nach

Úsáidtear í le gach briathar i ngach aimsir ach amháin:

(a) an modh ordaitheach agus foshuiteach láithreach.
(b) aimsir chaite na mbriathra rialta uile agus na mbriathra mírialta
beir, clois / cluin, ith, tabhair, tar.

Cuireann sí urú ar thúslitir agus tagann an fhoirm spleách den bhriathar ar a lorg:

an fear **nach moltar** / **moltaí** / **molfar** / **molfaí** a mhac
an máistir **nach dtugann** / **dtugadh** / **dtabharfaidh** /
dtabharfadh na páistí a cheart dó
na daoine **nach bhfanann** / **bhfanadh** / **bhfanfaidh** / **bhfanfadh** sí leo
an seomra **nach n-ithim** / **n-ithinn** / **n-íosfaidh mé** / **n-íosfainn**
an bia ann

nár

Úsáidtear í san aimsir chaite amháin le gach briathar rialta agus leis na briathra mírialta beir, clois / cluin, ith, tabhair, tar.

Cuireann sí séimhiú ar thúslitir agus tagann an fhoirm spleách den bhriathar ar a lorg:

an páiste dána **nár ch**uimhnigh sí air
the bold child whom she didn't remember

an scoil **nár fh**ág sí a cuid fuinneog ar oscailt
the school whose windows she didn't leave open

an cupán **nár** ól siad aon deoch as
the cup out of which they didn't drink

NÓTA: ní shéimhíonn sí túschonsan an tsaorbhriathair san aimsir chaite i gcás na mbriathra rialta ná i gcás tabhair.

an teach **nár** fágadh solas lasta ann
the house which was left unlit

an bhó **nár** maraíodh a lao
the cow whose calf wasn't killed

an fear bocht **nár** tugadh cabhair dó
the poor man who wasn't helped

Foirmeacha Coibhneasta Indíreacha na Copaile

NÓTA: ní úsáidtear mír choibhneasta le haon fhoirm ar leith den chopail in aon aimsir.

AIMSIR LÁITHREACH / FHÁISTINEACH

Deimhneach ar(*b)	Diúltach nach
sin fear **ar** fuath leis a chlann	sin múinteoir **nach** maith leis a ghlór féin
sin bean **arb** amhránaí í a hiníon	sin fear **nach** Sasanaigh iad a mhuintir
sin gasúr **ar** peileadóir maith é	seo imreoir **arb** eol dó na rialacha

NÓTA: úsáidtear na foirmeacha a chríochnaíonn ar b roimh fhocail a thosaíonn le guta.

AIMSIR CHAITE AGUS MODH COINNÍOLLACH

Deimhneach ar(*bh)	Diúltach nár(*bh)
sin deacracht **ar** cheart díriú uirthi	fear **nár** Shasanaigh iad a ghaolta go léir
sin bean **arbh** amhránaí í a hiníon ina hóige	file **nárbh** fhiú a chuid filíochta a fhoghlaim
an té **arbh** eol dó an fhírinne	

NÓTA: úsáidtear na foirmeacha a chríochnaíonn ar bh roimh fhocail a thosaíonn le guta nó fh agus guta ar a lorg.

UIMHREACHA

BUNUIMHREACHA

Seo a leanas foirmeacha na n-uimhreacha nuair nach dtagann ainmfhocal go díreach ar a lorg:

1	a haon	11	a haon déag
2	a dó	12	a dó dhéag
3	a trí	13	a trí déag
4	a ceathair	14	a ceathair déag
5	a cúig	15	a cúig déag
6	a sé	16	a sé déag
7	a seacht	17	a seacht déag
8	a hocht	18	a hocht déag
9	a naoi	19	a naoi déag
10	a deich		

NÓTA: cuirtear a roimh na bunuimhreacha sin agus cuireann a h roimh aon agus ocht. Séimhítear túschonsan déag tar éis dó.

20	fiche	21	fiche a haon
22	fiche a dó	23	fiche a trí
30	tríocha	31	tríocha a haon
40	daichead	41	daichead a haon
50	caoga	51	caoga a haon
60	seasca	61	seasca a haon
70	seachtó	71	seachtó a haon
80	ochtó	81	ochtó a haon
90	nócha	91	nócha a haon
100	céad	101	céad a haon
1,000	míle	1,001	míle a haon
1,000,000	milliún		

Ainmfhocail leis na Bunuimhreacha

Seo a leanas foirmeacha na mbunuimhreacha nuair a thagann ainmfhocal go díreach ar a lorg:

1 aon bhád amháin
Séimhíonn aon na túschonsain b, c, f, g, m, p. Ní shéimhíonn aon na túschonsain d, t, s.

2 dhá bhád
Séimhíonn agus tagann foirm uatha an ainmfhocail ar a lorg.

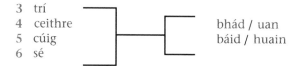

3 trí
4 ceithre   bhád / uan
5 cúig   báid / huain
6 sé

Is féidir úsáid a bhaint as an bhfoirm uatha nó iolra den ainmfhocal tar éis na mbunuimhreacha thuas. Caithfear úsáid a bhaint as foirm (speisialta) iolra i gcás na n-ainmfhocal bliain, ceann, cloigeann, fiche, uair, pingin, scilling, seachtain, ubh:

> trí **bliana**, ceithre **cinn**, cúig **cloigne**, sé **fichid** srl.

Má bhaintear úsáid as an bhfoirm uatha den ainmfhocal, séimhítear an túschonsan. Má bhaintear úsáid as an bhfoirm iolra den ainmfhocal, cuirtear h roimh thúsghutaí.

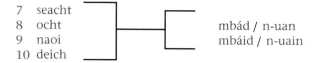

7 seacht
8 ocht   mbád / n-uan
9 naoi   mbáid / n-uain
10 deich

Is féidir úsáid a bhaint as an bhfoirm uatha nó iolra den ainmfhocal tar éis na mbunuimhreacha thuas. Caithfear úsáid a bhaint as foirm (speisialta) iolra i gcás na n-ainmfhocal bliain, ceann, cloigeann, fiche, uair, pingin, scilling, seachtain, ubh:

> seacht **n-uaire**, ocht **bpingine**, naoi **scillinge**, deich **seachtaine**, deich **n-uibhe** srl.

Uraítear túslitir an ainmfhocail i gcónaí ar lorg na mbunuimhreacha seo.

11-19   Is ionann na rialacha anseo agus i gcás na mbunuimhreacha
1 - 10 ach amháin go dtagann déag ar lorg an ainmfhocail:

aon bhád déag, dhá bhád déag, trí bhád déag, ceithre uan déag srl.

NÓTA: séimhítear túschonsan déag nuair is ainmfhocal uatha a chríochnaíonn
ar ghuta nó ainmfhocal iolra a chríochnaíonn ar chonsan caol (ach amháin
cinn) a thagann roimhe:

trí chluiche dhéag   seacht n-uain dhéag

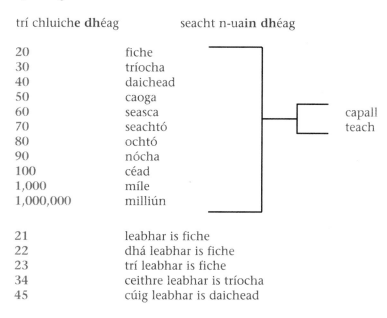

20	fiche		
30	tríocha		
40	daichead		
50	caoga		
60	seasca		capall
70	seachtó		teach
80	ochtó		
90	nócha		
100	céad		
1,000	míle		
1,000,000	milliún		

21	leabhar is fiche
22	dhá leabhar is fiche
23	trí leabhar is fiche
34	ceithre leabhar is tríocha
45	cúig leabhar is daichead

An Ginideach agus na Bunuimhreacha

1	luach aon bháid amháin	11	luach aon bháid déag
2	luach dhá bhád	20	luach fiche bád
3	luach trí bhád	30	luach tríocha bád
4	luach ceithre bhád	100	luach céad bád
5	luach cúig bhád	1,000	luach míle bád
6	luach sé bhád	1,000,000	luach milliún bád
7	luach seacht mbád		
8	luach ocht mbád		
9	luach naoi mbád		
10	luach deich mbád		

NÓTA: ní chuirtear an t-ainmfhocal sa tuiseal ginideach ach amháin i gcás 1,
11, 21 srl.

An tAlt agus na Bunuimhreacha

1	an t-aon bhád / chistin / asal amháin
2	an dá bhád / chistin / asal
3	na trí bhád / chistin / asal
4	na ceithre bhád / chistin / asal
5	na cúig bhád / chistin / asal
6	na sé bhád / chistin / asal
7	na seacht mbád / gcistin / n-asal
8	na hocht mbád / gcistin / n-asal
9	na naoi mbád / gcistin / n-asal
10	na deich mbád / gcistin / n-asal
20	an fiche fear / cistin / asal
30	an tríocha fear / cistin / asal
100	an céad fear / cistin / asal
1,000	an míle fear / cistin / asal

An Ginideach agus an tAlt agus na Bunuimhreacha

1	airgead an aon fhir / na haon mhná amháin
2	luach an dá chapall / an dá bhó
3	luach na dtrí chapall / bhó
4	luach na gceithre chapall / bhó
5	luach na gcúig chapall / bhó
6	luach na sé chapall / bhó
7	luach na seacht gcapall / mbó
8	luach na n-ocht gcapall / mbó
9	luach na naoi gcapall / mbó
10	luach na ndeich gcapall / mbó
20	luach an fiche capall / bó
30	luach an tríocha capall / bó
70	luach an seachtó capall / bó
100	luach an chéad capall / bó
1,000	luach an mhíle capall / bó
1,000,000	luach an mhilliún capall / bó

NÓTA: ní shéimhítear na túslitreacha f ná s.

Bunuimhreacha agus Aidiachtaí

1	aon chapall mór / bhó mhór amháin
2	dhá chapall mhóra / bhó mhóra
3	trí chapall mhóra / bhó mhóra
4	ceithre chapall mhóra / bhó mhóra
5	cúig chapall mhóra / bhó mhóra
6	sé chapall mhóra / bhó mhóra
7	seacht gcapall mhóra / mbó mhóra
8	ocht gcapall mhóra / mbó mhóra
9	naoi gcapall mhóra / mbó mhóra
10	deich gcapall mhóra / mbó mhóra

NÓTA: nuair a úsáidtear foirm iolra an ainmfhocail thuas, tagann an ghnáthriail faoi shéimhiú ar aidiacht i gceist:

sé cluichí gearra   naoi gcapaill mhóra

11	aon chapall déag mhóra / bhó dhéag mhóra
20	fiche capall mór / bó mhór
100	céad capall mór / bó mhór

UIMHREACHA PEARSANTA

1	duine amháin
2	beirt bhan / fhear / pháistí

(Séimhíonn agus ginideach iolra ar a lorg).

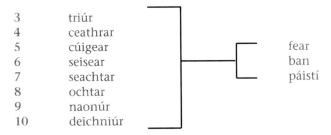

3	triúr	
4	ceathrar	
5	cúigear	fear
6	seisear	ban
7	seachtar	páistí
8	ochtar	
9	naonúr	
10	deichniúr	

Ní shéimhíonn ach ginideach iolra ar a lorg.

11	aon duine dhéag
12	dháréag
13	trí dhuine dhéag
14	ceithre dhuine dhéag
15	cúig dhuine dhéag
16	sé dhuine dhéag
17	seacht nduine dhéag
18	ocht nduine dhéag
19	naoi nduine dhéag
20	fiche duine

An tAlt agus na hUimhreacha Pearsanta

1   an duine amháin
2   an bheirt bhan / fhear / pháistí

(Séimhíonn agus ginideach iolra ar a lorg).

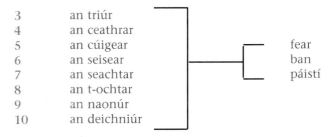

3	an triúr
4	an ceathrar
5	an cúigear
6	an seisear
7	an seachtar
8	an t-ochtar
9	an naonúr
10	an deichniúr

fear
ban
páistí

Ní shéimhíonn ach ginideach iolra ar a lorg.

Ginideach na nUimhreacha Pearsanta

1   mála (an) duine
2   achrann (na) beirte
3   sáith (an) triúir
4   díol (an) c(h)eathrair
5   áit (an) c(h)úigir
6   coiste (an) (t)seisir
7   teach (an) (t)seachtair
8   cor (an) ochtair
9   dóthain (an) naonúir
10   le haghaidh (an) deichniúir

Caitear leis an uimhir phearsanta sa chás seo mar a chaitear le hainmfhocal ar bith sa ghinideach.

NA ʜORDUIMHREACHA

1st   an chéad bhean / chat / asal   [iol. na chéad daoine]

Séimhítear túschonsan céad ar lorg an ailt i ngach aon tuiseal, uatha agus iolra, ach amháin nuair a uraítear í sa tabharthach uatha. Séimhíonn na túschonsain b, c, f, g, m, p.

2nd   an dara bean / cat / hasal
3rd   an tríú bean / cat / hasal
4th   an ceathrú bean / cat / hasal
5th   an cúigiú bean / cat / hasal
6th   an séú bean / cat / hasal
7th   an seachtú bean / cat / hasal
8th   an t-ochtú bean / cat / hasal
9th   an naoú bean / cat / hasal
10th   an deichiú bean / cat / hasal

Ní théann aon athrú ar thúschonsan ainmfhocail ach cuirtear h roimh thúsghuta.

11th   an t-aonú bean / cat / hasal déag
12th   an dara bean / cat / hasal déag

An Ginideach agus na hOrduimhreacha

1st hata an chéad fhir / na chéad mhná
   iolra luach na chéad uan

Séimhítear túschonsan céad ar lorg an ailt i ngach aon tuiseal, uatha agus iolra, ach amháin nuair a uraítear í sa tabharthach uatha. Séimhíonn na túschonsain b, c, f, g, m, p.

2nd teach an dara mac / an dara mic
   teach an dara bean / na dara mná

3rd teach an tríú mac / an tríú mic
   teach an tríú bean / na tríú mná

4th teach an cheathrú fear / an cheathrú fir
   teach an cheathrú bean / na ceathrú mná

5th teach an chúigiú fear / an chúigiú fir
   teach an chúigiú bean / na cúigiú mná

6th teach an tséú fear / an tséú fir
   teach an tséú bean / na séú mná

7th teach an tseachtú fear / an tseachtú fir
   teach an tseachtú bean / na seachtú mná

8th teach an ochtú fear / an ochtú fir
   teach an ochtú bean / na hochtú mná

9th teach an naoú fear / an naoú fir
   teach an naoú bean / na naoú mná

10th teach an deichiú fear / an deichiú fir
   teach an deichiú bean / na deichiú mná

VARIA

AINMNEACHA BAISTE

Cosúil le haon ainmfhocal eile, tá ainmneacha baiste fear firinscneach agus ainmneacha baiste ban baininscneach agus rangaítear iad i ndíochlaontaí.

Fir.	Seán	*John*	Peadar	*Peter*
	Brian	***Brian***	Séamas	*James*

Bain.	Máire	*Mary*	Bríd	***Bridget***

Go hiondúil ní thagann ach dhá fhoirm infhillte den ainm baiste i gceist, an Gairmeach agus an Ginideach.

Tuiseal Gairmeach

Tagann an mhír ghairmeach **a** roimh an ngairmeach agus séimhiú ar a lorg:

> **a Mháire!**   **a Sheáin!**   a Eoghain!

Is ionann foirm an ghairmigh agus foirm an ainmnigh ach amháin na cinn sa chéad díochlaonadh. Sa chás deireanach sin is ionann deireadh an ghairmigh agus deireadh an ghinidigh uatha:

> a Sheáin!   **a Pheadair!**   **a Bhriain!**   a Shéamais!
> a Mháire!   a Bhríd!   a Chríostóir!

Tuiseal Ginideach

Téann ginideach na n-ainmneacha baiste de réir nós na ndíochlaontaí lena mbaineann siad:

teach Pheadair	*Peter's house*
siopa Shéamais	*James's shop*
lámh Bhríde	*Bridget's hand*
leabhar Chríostóra	*Christopher's book*
bó Laoisí	*Lucy's cow*
cos Liam	*William's foot*
cóta Néimhe	*Niamh's coat*

SLOINNTE

Is iad na sloinnte is coitianta sa Ghaeilge na cinn sin a dtagann Ó agus Mac rompu.
An gairmeach agus an ginideach na tuisil is coitianta a úsáidtear le sloinnte.
Tugtar sampla anseo thíos de chúpla sloinne a bhfuil Ó agus Mac rompu, idir fhirinscneach agus bhaininscneach, sna tuisil éagsúla.

Firinscneach	Baininscneach
Seán Ó Briain	*Máire Ní Bhriain*
a Sheáin Uí Bhriain! (gairm.)	*a Mháire Ní Bhriain!* (gairm.)
teach Sheáin Uí Bhriain (gin.)	*teach Mháire Ní Bhriain* (gin.)
Peadar Ó hAodha	*Máire Ní Aodha*
a Pheadair Uí Aodha! (gairm.)	*a Mháire Ní Aodha!* (gairm.)
teach Pheadair Uí Aodha (gin.)	*teach Mháire Ní Aodha* (gin.)
Peadar Mac Coinnigh	*Áine Nic Coinnigh*
a Pheadair Mhic Coinnigh! (gairm.)	*a Mháire Nic Coinnigh!* (gairm.)
teach Pheadair Mhic Coinnigh (gin.)	*teach Mháire Nic Coinnigh* (gin.)

Ní chuireann Ó aon athrú ar thúschonsan a thagann ar a lorg ach cuireann h roimh thúsghutaí.
Ní chuireann Uí ná Ní aon athrú ar thúsghuta a thagann ar a lorg ach séimhíonn túschonsan.
Ní chuireann Nic ná Mhic aon athrú ar thúsghuta a thagann ar a lorg ach séimhíonn túschonsan (ach amháin c agus g).

NÓTA: le teidil:

an Dochtúir Ó Briain	an Dochtúir Seán Ó Briain
teach an Dochtúra Uí Bhriain (gin.)	teach an Dochtúra Seán Ó Briain (gin.)
a Dhochtúir Uí Bhriain! (gairm.)	a Dhochtúir Seán Ó Briain! (gairm.)

Nuair is mian tagairt a dhéanamh do dhuine, gan úsáid a bhaint as teideal nó ainm baiste an duine m. sh. O'Brien, the MacMahons, is féidir úsáid a bhaint as foirm ar leith den sloinne a dtagann an t-alt roimhe go hiondúil. Chuige sin, cuirtear - (e)(a)ch / - och le hainmneach na sloinnte sin a dtagann Ó nó Mac rompu le leathnú agus coimriú mar is gá.

Ó Conaire	→	an Conaireach
Ó Cadhain	→	an Cadhnach
Ó Muircheartaigh	→	an Muircheartach
Mac Grianna	→	na Griannaigh (iolra)

I gcás sloinnte dar críoch - éir / - éil leathnaítear an consan deiridh iontu, agus i gcás sloinnte le de, ligtear an de ar lár.

de Brún	→	an Brúnach
de Buitléir	→	an Buitléarach
Ruiséil	→	an Ruiséalach
Rís	→	an Ríseach

Ní théann aon athrú ar na sloinnte aidiachtacha.

Breathnach	→	an Breathnach
Caomhánach	→	an Caomhánach

LAETHANTA NA SEACHTAINE

an Luan	*Monday*	Dé Luain
an Mháirt	*Tuesday*	Dé Máirt
an Chéadaoin	*Wednesday*	Dé Céadaoin
an Déardaoin	*Thursday*	Déardaoin
an Aoine	*Friday*	Dé hAoine
an Satharn	*Saturday*	Dé Sathairn
an Domhnach	*Sunday*	Dé Domhnaigh

NÓTA: leanann an ginideach Dé i gcónaí; ní shéimhítear túsghuta Dé riamh agus nasctar leis an ainmfhocal a leanann é i gcás Déardaoin.

Úsáid:

An tAlt rompu: ag liostáil laethanta: an Luan, an Mháirt

ar an Luan	*on a / the Monday, on Mondays*
inniu an Luan	*today is Monday*
an Luan ina dhiaidh sin	*the following Monday*

Dé rompu:

Dé Luain (seo chugainn / seo caite / seo a chuaigh thart)
(*on*) *Monday* (*next / last*)

ar maidin Dé Luain	*on Monday morning*
oíche Dé Céadaoin	*on Wednesday night*

Gan Alt ná Dé:

fan go Céadaoin	*wait until Wednesday*
oíche Chéadaoin	*Wednesday night*
Luan Cásca	*Easter Monday*
Aoine (an) Chéasta	*Good Friday*
ó Luan go Domhnach	*from Monday until Sunday*

NÓTA: feictear ó na samplaí thuas gur féidir an nó Dé nó neamhní a úsáid uaireanta.

MÍONNA NA BLIANA

Eanáir (f)	*January*	mí Eanáir
Feabhra (b)	*February*	mí Feabhra
Márta (f)	*March*	mí an Mhárta
Aibreán (f)	*April*	mí Aibreáin
Bealtaine (b)	*May*	mí na Bealtaine
Meitheamh (f)	*June*	mí an Mheithimh
Iúil (f)	*July*	mí Iúil
Lúnasa (f)	*August*	mí Lúnasa
Meán Fómhair (f)	*September*	mí Mheán Fómhair
Deireadh Fómhair (f)	*October*	mí Dheireadh Fómhair
Samhain (b)	*November*	mí na Samhna
Nollaig (b)	*December*	mí na Nollag

NÓTA: sa ghinideach thuas, tugtar faoi deara go n-úsáidtear an t-alt i gcás mhí an Mhárta, mhí na Bealtaine, mhí an Mheithimh, mhí na Samhna agus mhí na Nollag.

DÁTAÍ

Na dátaí sin a scríobhtar as Béarla mar 1st January, 4th May srl. is mar 1 Eanáir, 4 Bealtaine srl. a scríobhtar iad as Gaeilge. Ní athraítear ainm na míosa. Ní gá ú a chur isteach tar éis na huimhreach ach amháin nuair a bhíonn achtanna rialtais nó a leithéidí i gceist:

an 2ú lá seo de Bhealtaine, 2001

LOGAINMNEACHA

TÍORTHA / MÓR-RANNA

Éire (b)	*Ireland*	muintir na hÉireann
Albain (b)	*Scotland*	muintir na hAlban
Sasana (f)	*England*	muintir Shasana
an Bhreatain Bheag (b)	*Wales*	muintir na Breataine Bige

NÓTA: gabhann an t-alt leis an dá logainm Éire agus Albain sa ghinideach sna samplaí thuas. Ní ghabhann an t-alt leo i dtuiseal ar bith eile m. sh. in Éirinn, as Albain.

An Fhrainc (b)	*France*
An Eoraip (b)	*Europe*
An Ghearmáin (b)	*Germany*
An Afraic (b)	*Africa*
An Spáinn (b)	*Spain*
An Rúis (b)	*Russia*
An Iodáil (b)	*Italy*
Meiriceá (f)	*America*
An Ísiltír (b)	*Netherlands*
Na Stáit Aontaithe (f. iol.)	*The United States*
An Danmhairg (b)	*Denmark*

NÓTA: tá ainmneacha thromlach na dtíortha agus na mór-ranna baininscneach agus gabhann an t-alt leo go hiondúil.

CÚIGÍ, CONTAETHA, CATHRACHA AGUS BAILTE

cúige Chonnacht	*(the province of) Connaught*
cúige Laighean	*(the province of) Leinster*
cúige Mumhan	*(the province of) Munster*
cúige Uladh	*(the province of) Ulster*

cúige (f)	gin. u.	~ iolra	- gí	*province*
contae (f)	gin. u.	~ iolra	- tha	*county*
cathair (b)	gin. u. - thrach	~ iolra	- thracha	*city*

Cúige Chonnacht:

Contae na Gaillimhe	*County Galway*
Contae Liatroma	*County Leitrim*
Contae Mhaigh Eo	*County Mayo*
Contae Ros Comáin	*County Roscommon*
Contae Shligigh	*County Sligo*

Cúige Laighean:

Contae Bhaile Átha Cliath	*County Dublin*
Contae Cheatharlach	*County Carlow*
Contae Chill Chainnigh	*County Kilkenny*
Contae Chill Dara	*County Kildare*
Contae Chill Mhantáin	*County Wicklow*
Contae na hIarmhí	*County Westmeath*
Contae Laoise	*County Laois*
Contae Loch Garman	*County Wexford*
Contae an Longfoirt	*County Longford*
Contae Lú	*County Louth*
Contae na Mí	*County Meath*
Contae Uíbh Fhailí	*County Offaly*

Cúige Mumhan:

Contae Chiarraí	*County Kerry*
Contae an Chláir	*County Clare*
Contae Chorcaí	*County Cork*
Contae Luimnigh	*County Limerick*
Contae Phort Láirge	*County Waterford*
Contae Thiobraid Árann	*County Tipperary*

Cúige Uladh:

Contae Aontroma	*County Antrim*
Contae Ard Mhacha	*County Armagh*
Contae an Chabháin	*County Cavan*
Contae Dhoire	*County Derry*
Contae an Dúin	*County Down*
Contae Dhún na nGall	*County Donegal*
Contae Fhear Manach	*County Fermanagh*
Contae Mhuineacháin	*County Monaghan*
Contae Thír Eoghain	*County Tyrone*

Gabhann an t-alt le roinnt logainmneacha (.i. ainmneacha contaetha, cathracha, bailte móra agus aibhneacha) i gcónaí:

an Daingean	*Dingle*
an Ómaigh	*Omagh*
an tSionainn	*the Shannon*
an Cabhán	*Cavan*
na Gleannta (iolra)	*Glenties*

Gabhann an t-alt le roinnt logainmneacha sa tuiseal ginideach amháin:

Gaillimh	*Galway*
muintir na Gaillimhe	*the people of Galway*

NÓTA: leanann séimhiú agus tuiseal ginideach contae agus cathair mar is cuí. Is minic a bhunaítear ar ainmneacha áiteanna ainmfhocail nó aidiachtaí a chuireann in iúl náisiúntacht nó gaol éigin eile le mór-ranna, tíortha, cúigí, contaetha agus bailte. Críochnaíonn a leithéidí sin ar - (e)(a)ch / - och agus, nuair a bhíonn ainmfhocail i gceist, bíonn siad firinscneach.

Aidiachtaí		Ainmfhocail
Irish	Éireannach	*an Irish person*
French	Francach	*a French person*
Spanish	Spáinneach	*a Spaniard*
English	Sasanach	*an English person*
European	Eorpach	*a European*
Asian	Áiseach	*an Asian*
Ulster	Ultach	*an Ulster person*
Munster	Muimhneach	*a Munster person*
Galway	Gaillmheach	*a Galway person*
Kerry	Ciarraíoch	*a Kerry person*

TUISEAL GINIDEACH LOGAINMNEACHA

Má thagann an t-alt roimh logainm, cuirtear na gnáthrialacha i gcás an ghinidigh i bhfeidhm.

an tImleach Mór	➜ gin. u.	pobal an Imligh Mhóir
na Gleannta	➜ gin. iol.	pobal na nGleanntach
an Rinn	➜ gin. u.	pobal na Rinne
an Chill Mhór	➜ gin. u.	pobal na Cille Móire

RÉIMÍREANNA

Cuirtear réimíreanna roimh fhocail (ainmfhocail, aidiachtaí agus briathra) chun a mbrí a athrú ar bhealach éigin.

Baintear úsáid as roinnt réimíreanna le brí dheimhneach an bhunfhocail a dhéanamh diúltach:

meas	*respect*	dímheas	*disrespect*
aontas	*union*	easaontas	*disunion*
clú	*reputation*	míchlú	*bad reputation*

Baintear úsáid as roinnt réimíreanna le brí an bhunfhocail a threisiú:

maith	*good*	an-mhaith	*very good*
moladh	*praise*	ardmholadh	*great praise*
bocht	*poor*	fíorbhocht	*very poor*

Baintear úsáid as roinnt réimíreanna leis an gciall measartha, réasúnta a chur in iúl:

sláinte	*health*	breacshláinte	*fair health*
meisce	*inebriation*	bogmheisce	*slight inebriation*

Baintear úsáid as réimíreanna eile le sainbhríonna eile a chur in iúl:

ban	*female*	bantiarna	*lady* (i.e. *female lord*)
rí	*king*	rítheaghlach	*royal household*

NÓTA: is iondúil go leanann séimhiú na réimíreanna seo ach amháin nuair a chríochnaíonn na réimíreanna ar d, n, t, l, s agus go mbíonn d, n, t, l, s mar thúslitir ar na focail a leanann iad.

an-duine	seanduine	bantiarna	indéanta
caoldroim	ardtráthnóna	íosteocht	

Tarlaíonn uaireanta go gcaolaítear nó go leathnaítear consan deiridh na réimíre, ag brath ar thúslitir an fhocail a leanann í:

anaithnid	ach	aineolach
deaslámhach	ach	deisbhéalach

Tarlaíonn uaireanta go n-athraítear roinnt réimíreanna eile ar bhealaí éagsúla ag brath ar litir dheireanach na réimíre agus ar thúslitir an fhocail a leanann í.

atitim	=	ath + thitim (-th + th- → t)
cónasc	=	comh + nasc (comh + n- → có(i))
dúbhuí	=	dubh + bhuí
		(dubh → dú ach amháin roimh ghuta & fh + guta)

Réimíreanna coitianta treise an-, sean(-) agus ró(-)

an- a chiallaíonn *very*, *great* roimh ainmfhocail nó aidiachtaí.
sean(-) a chiallaíonn *old*, *great* roimh ainmfhocail, aidiachtaí agus bhriathra.
ró(-) a chiallaíonn *over*, *too*, roimh ainmfhocail, aidiachtaí agus bhriathra.

Bíonn fleiscín i gcónaí idir an- agus an chéad fhocal eile. Séimhíonn, ach amháin i gcás d, t, s.

Is iondúil nach mbíonn fleiscín idir sean(-) agus an chéad fhocal eile. Séimhíonn, ach amháin i gcás d, t, s.

Ní bhíonn fleiscín tar éis ró(-) ach amháin nuair a thosaíonn an chéad fhocal eile ar ghuta.

Samplaí:

an-mhaith	*very good*	an-ghaofar	*very windy*
an-fhear	*a great man*	an-lá	*a great day*
an-dána	*very bold*	an-tine	*a great fire*
seanbhean	*an old woman*	seandícheall	*best effort*
seanchaite	*antiquated*	seanaois	*old age*
ródhóchas	*presumption*	róghearr	*over-cut* (briath.)
róbheag	*too small*	ró-íseal	*too low*

Eisceachtaí:

sean-aintín	sean-Ghall
sean-am	sean-ghaineamhchloch
sean-ancaire	sean-nós
sean-ard	sean-Samhain
sean-Bhealtaine	sean-Tiomna

ABAIRTÍ

ABAIRTÍ LEIS AN mBRIATHAR BÍ AGUS RÉAMHFHOCAIL

tá amhras orm	*I am doubtful*
tá áthas ort	*you are happy*
tá bród air	*he is proud*
tá brón uirthi	*she is sorry*
tá deifir orainn	*we are in a hurry*
tá éad oraibh	*you* (iolra) *are jealous*
tá eagla orthu	*they are afraid*
tá faitíos orm	*I am afraid*
tá fearg ort	*you are angry*
tá imní air	*he is worried*
tá iontas uirthi	*she is surprised*
tá náire orainn	*we are ashamed*
tá ocras oraibh	*you* (iolra) *are hungry*
tá tart orthu	*they are thirsty*
tá tinneas orm	*I am sick*
tá a fhios agam	*I know*
tá barúil agat	*you have an idea*
tá dúil aige	*he likes*
tá súil aici	*she hopes*

ABAIRTÍ LEIS AN gCOPAIL AGUS RÉAMHFHOCAIL

is aoibhinn liom	*I love*
is breá leat	*you like, you love*
is ceart dó	*he should, it is right for him*
is cóir di	*she should, it is right for her*
is deacair linn	*we find it difficult*
is féidir libh	*you* (iolra) *can*
is maith leo	*they like*
is mian liom	*I wish* (to) / *I intend* (to)
is oth leat	*you regret*

SLÁN, BEANNACHT, FÁILTE
AGUS ABAIRTÍ ÓCÁIDE EILE

Aithnítear go fada leitheadach go bhfuil an Ghaeilge ar maos i mbeannachtaí, i mallachtaí agus in abairtí ócáide den uile chineál. Is cuid bhunúsach de dhúchas na Gaeilge iad. Seo a leanas liosta de na cinn is minice a úsáidtear. Tugtar faoi deara gur minic a fhágtar an briathar ar lár sna habairtí seo.

Nuair a chastar duine ort, is mar seo a leanas go hiondúil a bheannaíonn tú dó:

> (go mbeannaí) Dia *duit (u.) / *daoibh (iol.)!
> *Hello!* lit. *(May) God bless you!*
>
> bail ó Dhia ort!
> *God prosper you!*

* **NÓTA**: cheapfá ón gcaoi a ndeirtear an d - seo sa chaint go bhfuil séimhiú air.

Mar fhreagra air sin, deirtear:

> (go mbeannaí) Dia is Muire *duit (u.) / *daoibh (iol.)!
> *Hello!* lit. *(May) God and Mary bless you!*
>
> gurab é duit!   *the same to you!*

Nuair a théitear isteach i dteach, deirtear ceann de na habairtí seo a leanas:

> (go mbeannaí) Dia anseo!   *God bless (all) here!*
> bail ó Dhia anseo!   *God bless (all) here!*
> Dia sa teach!   *God bless all in this house!*

Nuair a imíonn duine, díríonn sé an abairt seo a leanas ar an té atá ag fanacht:

> slán agat (u.) / agaibh (iol.)!   *Good-bye!*

Nuair a imíonn duine, dírítear an abairt seo a leanas ar an té atá ag imeacht:

> slán leat (u.) / slán libh (iol.)!   *Good-bye!*

Nuair a fheictear duine i mbun oibre, is iondúil go mbeannaítear dó mar seo a leanas:

bail ó Dhia ar an obair! *God bless the work!*

Abairtí eile:

sláinte (mhór) / seo do shláinte /
sláinte agus saol (chugat)!
health (and long life) to you! / Cheers!

nár lagaí Dia thú / sibh!	*more power to you!*
ádh mór ort / oraibh!	*good luck to you!*
go n-éirí an t-ádh leat!	*good luck be with you!*
go soirbhí Dia duit / daoibh!	*I wish you Godspeed!*
Dia liom / leat / linn!	*God bless me / you / us!*
go ngnóthaí Dia duit / daoibh!	*may God prosper you!*
	- (le slán a fhágáil ag duine)
rath Dé ort / rath ó Dhia ort /	*God prosper you!*
go gcuire Dia (an) rath ort / oraibh!	

Seo a leanas abairt a úsáidtear leis an té a bhfuil rud úr éigin faighte aige m. sh. carr, culaith, céim:

go maire tú (is go gcaithe tú) é! *may you live to enjoy (and wear) it!*

Breis abairtí:

beannacht Dé ort / oraibh!	*God bless you!*
beannacht Dé leat / libh!	*God speed you!*
Dia ár sábháil!	*God save us!*
le do thoil / más é do thoil é	*please / if you please*
go raibh maith agat / agaibh!	*thank you!*

Is é a deirtear mar fhreagra ar an abairt dheireanach:

go ndéana a mhaith duit / daoibh! *you are welcome!*

Nuair a chloistear faoi bhás duine, is iondúil go ndeirtear:

go ndéana Dia a mhaith air! *(may) God rest his soul!*

Tá bealaí éagsúla ann i gcanúintí na Gaeilge le *How are you?* a chur in iúl:

Cad é mar tá tú?	Cúige Uladh
Cén chaoi a bhfuil tú?	Cúige Chonnacht
Conas tá tú?	Cúige Mumhan

Tá bealaí eile fós ann leis an gciall sin thuas a chur in iúl ach is iad sin is coitianta.

Freagra:

tá mé go maith, slán a bheidh / bheas tú	*I am fine, thanks*
fáilte romhat!	*you are welcome!*
céad míle fáilte romhat!	*a hundred thousand welcomes to you!*
buíochas do Dhia / le Dia!	*thanks be to God!*

FÉIN

Nuair a úsáidtear féin tar éis réamhfhocail, forainm réamhfhoclaigh, ainmfhocail nó briathair, ciallaíonn sé '-self / -selves.'

mé féin / tú féin	*myself / yourself*
í féin a rinne é	*she herself did it*
tá a fhios acu féin é	*they themselves know it*
dúirt sí féin é	*she herself said it*
tabhair dóibh féin é	*give it to themselves*
an gasúr féin a d'ith é	*the boy himself ate it*
déanfaimid féin é	*we ourselves will do it*

Ní théann aon athrú ar féin.

Nuair a thagann aidiacht shealbhach agus ainmfhocal roimh féin, ciallaíonn sé *own.*

mo chlann féin	*my own family*
i mo theach féin	*in my own house*
trí mo choir féin	*through my own fault*
is é mo bharúil féin	*it is my own opinion*

Nuair a úsáidtear é mar dhobhriathar, ciallaíonn sé *even, only.*

má thagann sé anois féin	*if he comes even now*
má tá an t-airgead féin aige	*even if he has the money*
ag Dia féin atá a fhios	*God only knows*
dá ndéarfaí sin féin liom	*if I were only told that*

CUID

Mar ainmfhocal leis féin ciallaíonn cuid *a part, portion* nó *share*.

Nuair a úsáidtear é leis an réamhfhocal de, ciallaíonn sé *a part of, some of*:

cuid den obair	*some of the work*
cuid de na daoine	*some of the people*
cuid den am	*some of the time*
cuid den airgead	*some of the money*

Nuair a thagann aidiacht shealbhach roimhe, treisíonn sé an aidiacht shealbhach:

mo chuid oibre	*my work*
do chuid éadaigh	*your clothes*
a gcuid airgid	*their money*
do chuid cainte	*your talk*
bhur gcuid ama	*your* (iolra) *time*
mo chuid airgid	*my money*

GO LEOR

Is féidir go leor, a chiallaíonn *enough, plenty, a lot of* a úsáid leis féin, roimh nó tar éis ainmfhocail*, tar éis aidiachta srl:

fada go leor	*long enough*
óg go leor	*young enough*
go leor oibre *	*enough / a lot of work*
go leor ama *	*enough / a lot of time*
airgead go leor	*enough money*
tá go leor déanta	*enough / a lot is done*

* NÓTA: go hiondúil bíonn ainmfhocal sa ghinideach nuair a thagann sé tar éis go leor.

BEALAÍ CHUN TO KNOW A AISTRIÚ

Nuair a bhíonn aithne ar dhuine i gceist, aistrítear *to know* ar an gcaoi seo a leanas:

tá aithne ag *A* ar *B*	*A knows B*
tá aithne mhaith agam ar Sheán	*I know John well*

Le cumas i scríobh nó léamh teanga, nó cumas i ngníomhaíochtaí eile a chur in iúl, úsáidtear abairt den chineál seo a leanas:

tá Gaeilge / Béarla / Fraincis agam	*I know Irish / English / French*
tá snámh agam	*I know how to swim*

Nuair is mian le duine a chur in iúl go bhfuil rud éigin i gcoitinne ar eolas aige, is iondúil go gcuirtear é sin in iúl ar an mbealach seo a leanas:

an briathar substainteach + aid. shealbh. a (3u. fir.) + fhios + ag:

tá a fhios agam sin	*I know that*
an bhfuil a fhios agat go bhfuil sé tinn?	*do you know that he is sick?*
níl a fhios aige aon rud faoi sin	*he knows nothing about that*

Nuair is mian le duine a chur in iúl go bhfuil eolas ar leith aige faoi rud, is iondúil go gcuirtear é sin in iúl ar an mbealach seo a leanas:

tá eolas ag *A* ar rud éigin	*A knows something*
tá eolas ar an gcineál sin oibre agam	*I know that kind of work*
an bhfuil aon eolas ar an gcathair agat?	*do you know the city at all?*

Úsáidtear an abairt seo a leanas fosta sa chomhthéacs sin:

tá mé eolach ar an gcineál sin oibre / an bhfuil tú eolach ar an gcathair?

AINMFHOCAIL THEIBÍ Ó AIDIACHTAÍ

Is minic gurb ionann foirm an ainmfhocail theibí agus foirm na haidiachta
uatha baininscní:

díreach	→	dírí
géar	→	géire
gorm	→	goirme
dubh	→	duibhe
cóir	→	córa

is ionadh liom **a dhírí** atá an
bóthar seo

*I am surprised at how
straight this road is*

dá ghéire an scian is amhlaidh
is éifeachtaí í

*the sharper the knife is,
the more effective it is*

is cuma liom **a ghoirme** atá an spéir   *I don't care how blue the sky is*

Is minic gurb ionann foirm an ainmfhocail theibí agus foirm na haidiachta
uatha baininscní lena dtáthaítear foirm éigin de na deirí - (a)cht / - ocht:

fearúil	→	fearúlacht
uasal	→	uaisleacht
misniúil	→	misniúlacht
calma	→	calmacht
te	→	teocht

Is minic gurb ionann foirm an ainmfhocail theibí agus foirm na haidiachta
uatha baininscní lena dtáthaítear foirm éigin de na deirí - (a)s:

maith	→	maitheas
crua	→	cruas
binn	→	binneas

Uaireanta bíonn foirmeacha teibí mírialta amach is amach ag focail agus seo
a leanas cuid de na cinn is coitianta díobh sin:

beag	→	laghad
fada	→	fad
iomaí	→	liacht
maith	→	feabhas
mór	→	méad

215

YES AGUS NO SA GHAEILGE

Ní hionann agus i gcás teangacha eile, níl focail aonair ann a chiallaíonn *yes* agus *no* an Bhéarla ar féidir úsáid a bhaint astu ar gach uile ócáid. Go hiondúil, úsáidtear foirm dhearfach nó dhiúltach an bhriathair a úsáidtear ag cur na ceiste leis an gciall *yes / no* ach amháin i gcás na copaile.

an rachaidh tú ann?	rachaidh / ní rachaidh
will you go there?	*yes / no*
ar cheannaigh sé é?	cheannaigh / níor cheannaigh
did he buy it?	*yes / no*
nach bhfuil sé ann?	tá / níl
isn't he there?	*yes / no*
nach n-itheann siad úlla?	itheann / ní itheann
don't they eat apples?	*yes / no*
an dtiocfá liom?	thiocfainn / ní thiocfainn
would you come with me?	*yes / no*
an imríonn sibh peil?	imrímid / ní imrímid
do you play football?	*yes / no*
an gcónaíonn tú anseo?	cónaím / ní chónaím
do you live here?	*yes / no*

Má tá foirm tháite ag an mbriathar a úsáidtear mar fhreagra sa chomhthéacs seo, sin í a úsáidtear go hiondúil. Mura bhfuil, is í an fhoirm scartha gan forainm a úsáidtear.

NÓTA: ní sheasann an chopail léi féin sa chomhthéacs seo ná in aon chomhthéacs eile.

an maith leat tae?	is maith / ní maith
do you like tea?	*yes / no*
nach cuimhin leat sin?	is cuimhin / ní cuimhin
don't you remember that?	*yes / no*

NÓTA: breathnaítear ar na samplaí seo a leanas leis an gcopail áit a n-éilítear forainm (é / í / ea / iad) sa fhreagra:

an múinteoir é (Seán)?	is ea / ní hea
is he (John) a teacher?	*yes / no*
an ceoltóir (maith) í?	is ea / ní hea
is she a (good) musician?	*yes / no*
nárbh amhránaithe maithe iad?	ba ea / níorbh ea
weren't they good singers?	*yes / no*
bean mhaith is ea í, nach ea?	is ea / ní hea
she is a good woman, isn't she?	*yes / no*
an é Seán an múinteoir?	is é / ní hé
is John the teacher?	*yes / no*
arbh í Máire an t-amhránaí?	ba í / níorbh í
was Mary the singer?	*yes / no*
an doras é sin?	is ea / ní hea
is that a door?	*yes / no*
an fuinneog í sin?	is ea / ní hea
is that a window?	*yes / no*

BEALAÍ CHUN CAN, BE ABLE [ABILITY, CAPABILITY] A AISTRIÚ

Is féidir úsáid a bhaint as an mbriathar substainteach bí agus as an abairt in ann le 'can, be able' an Bhéarla a aistriú:

tá mé in ann an obair a dhéanamh	*I can do the work*
tá Seán in ann aire a thabhairt dó féin	*John is able to look after himself*

Is féidir úsáid a bhaint as an mbriathar substainteach bí agus as an bhfocal ábalta le 'can, be able' an Bhéarla a aistriú:

tá mé **ábalta** an obair a dhéanamh	*I can do the work*
tá Seán **ábalta** an chloch a thógáil	*John is able to lift the stone*

Is féidir go minic úsáid a bhaint as an abairt tagann le / tig le le 'can, be able' an Bhéarla a aistriú:

ní **thig liom** siúl go díreach	*I cannot walk straight*
ní **thiocfadh le** Seán é sin a dhéanamh	*John would not be able to do that*

Is féidir úsáid a bhaint as an bhfocal féidir leis an gcopail agus, go minic, le + ainmní le 'can, be able' a aistriú:

is **féidir** é sin a dhéanamh gan mhoill	*that can be done without delay*
is **féidir** é sin a chruthú go héasca	*that can easily be proved*
is **féidir** liom é sin a dhéanamh	*I can do that*

Le cumas i scríobh nó léamh teanga, nó cumas i ngníomhaíochtaí eile a chur in iúl, úsáidtear abairt den chineál seo a leanas:

tá Gaeilge / Béarla / Fraincis agam	*I can speak / write Irish / English / French*
tá snámh agam	*I can swim*
tá radharc na súl agam	*I can see*

BEALAÍ CHUN MUST, HAVE TO [NECESSITY, OBLIGATION] A AISTRIÚ

Is féidir úsáid a bhaint as an mbriathar substainteach bí (san aimsir chuí) agus as foirm chuí an réamhfhocail ar chun 'must, have to' an Bhéarla a aistriú:

tá orm imeacht
bhí ar na páistí dul a luí go luath
ní bheidh uirthi íoc as an mbéile

I have to go
the children had to go to bed early
she will not have to pay for the meal

Úsáidtear an briathar cúnta caith (san aimsir fháistineach agus sa mhodh coinníollach go hiondúil) chun *'must, have to'* an Bhéarla a aistriú:

caithfidh tú fanacht anseo
caithfidh siad an doras a
dhúnadh ina ndiaidh

you must remain here
they must close the door after them

Úsáidtear an abairt ní mór (foirm chuí de réir na haimsire) agus foirm chuí an réamhfhocail do (má tá ainmní i gceist) chun *'must, have to'* a aistriú:

ní mór dóibh an madra a choinneáil sa teach
they have to keep the dog in the house

ní mór do dhuine a bheith cúramach
one must be careful

Úsáidtear an abairt is éigean (foirm chuí de réir na haimsire) agus foirm chuí an réamhfhocail do (má tá ainmní i gceist) chun *'must, have to'* a aistriú:

b'éigean dó imeacht go luath
is éigean dom an obair a dhéanamh anois

he had to leave early
I have to do the work now

NÓTA: is minic is féidir ceann ar bith de na bealaí thuas a úsáid chun *'must, have to'* an Bhéarla a aistriú.

AM

Úsáidtear na bunuimhreacha ag insint an ama.

1	a haon a chlog	*one o'clock*
2	a dó a chlog	*two o'clock*
3	a trí a chlog	*three o'clock*
4	a ceathair a chlog	*four o'clock*
5	a cúig a chlog	*five o'clock*
6	a sé a chlog	*six o'clock*
7	a seacht a chlog	*seven o'clock*
8	a hocht a chlog	*eight o'clock*
9	a naoi a chlog	*nine o'clock*
10	a deich a chlog	*ten o'clock*
11	a haon déag a chlog	*eleven o'clock*
12	a dó dhéag a chlog	*twelve o'clock*

tá sé a trí a chlog anois	*it is three o'clock now*
tháinig sé **ag** / **ar** a cúig (a chlog)	*he came at five (o'clock)*

NÓTA: is féidir ag nó ar (= *at* an Bhéarla) a úsáid ag tagairt d'am i gcomhthéacs mar sin thuas.

Is féidir a chlog (*o'clock*) a fhágáil ar lár fosta:

ceathrú chun / go dtí a cúig	*a quarter to five*
leathuair tar éis / i ndiaidh a sé	*half past six*
cén t-am é / cad é an t-am atá sé?	*what time is it?*
beidh mé ann ar maidin	*I'll be there in the morning*
tháinig sí tráthnóna	*she came in the evening*
bhí siad ann aréir	*they were there last night*
ar an meán oíche	*at midnight*
um nóin	*at noon*
um thráthnóna	*in the evening*

NÓTA: dobhriathra eile ama:

cén uair a d'imigh sibh?	*when did you leave?*
cén lá atá ann?	*what day is it?*
cén bhliain a rugadh í?	*what year was she born?*

NÓTA: maidir leis an gclásal coibhneasta a úsáidtear tar éis na n-ainmfhocal ama sin, breathnaigh faoin gclásal coibhneasta sa saothar seo.

RÁITE COMÓRTAIS

chomh haoibhinn le lá samhraidh
chomh haosta leis an gceo
chomh haigeanta le meannán gabhair
chomh haerach le gealbhan
chomh bán le bainne
chomh beo le breac
chomh bodhar le cloch
chomh bréagach leis an diabhal
chomh binn le cláirseach
chomh buí le buachalán
chomh ciúin le luch
chomh cosúil le dhá scadán
chomh crua le hadharc reithe
chomh cíortha le ceann sagairt
chomh cruinn le fáinne
chomh caol le ribe do chinn
chomh croíúil le fuiseog
chomh domhain leis an bhfarraige
chomh dubh le súiche
chomh dearg le fuil
chomh deas le bláth
chomh díonmhar le buidéal
chomh do-mharaithe le cat
chomh héadrom le cleite
chomh heolach le saoi
chomh fabhtach leis an bhfarraige
chomh fada le lá samhraidh
chomh fairsing le seangáin
chomh fiáin le fia
chomh flúirseach le gaineamh na trá
chomh falsa le hasal
chomh foighneach le cat
chomh folamh le feadóg
chomh folláin le bradán
chomh fuar le sioc
chomh fíor leis an soiscéal
chomh geal leis an sneachta
chomh gasta leis an ngaoth
chomh géar le creamh
chomh glic le fear dlí
chomh glan le huisce
chomh goirt leis an bhfarraige
chomh hionraic leis an ngrian

chomh hinnealta le bean iarla
chomh láidir le capall
chomh ligthe le cú
chomh lán le teach faire
chomh luath le giorria
chomh lúfar le breac
chomh macánta le haingeal
chomh marbh le corp
chomh milis le mil
chomh mín le síoda
chomh neamhchoireach le leanbh baiste
chomh nádúrtha le huisce an tsrutháin
chomh pollta le gráta
chomh ramhar le muc
chomh righin le seanasal
chomh saothrach le beach
chomh sásta le píobaire
chomh sean leis na cnoic
chomh searbh le searbhán
chomh sleamhain le heascann
chomh stuama le sagart
chomh suaimhneach le reilig
chomh te le tine
chomh tiubh le clocha sneachta
chomh tirim le snaois
chomh huasal le rí